华 章 心 理

打开心世界·遇见新自己

关键 20 小时
快速学会任何技能！

[美] 乔希·考夫曼（Josh Kaufman）◎著　　任忆◎译

The First 20 Hours How to Learn Anything... Fast!

机械工业出版社
China Machine Press

图书在版编目（CIP）数据

关键 20 小时，快速学会任何技能！/（美）考夫曼（Kaufman, J.）著；任忆译. —北京：机械工业出版社，2015.10（2021.3 重印）

书名原文：The First 20 Hours: How to Learn Anything . . . Fast!

ISBN 978-7-111-51862-4

I. 关… II. ① 考… ② 任… III. 学习方法 IV. G791

中国版本图书馆 CIP 数据核字（2015）第 245654 号

本书版权登记号：图字：01-2013-9007

Josh Kaufman. The First 20 Hours: How to Learn Anything . . . Fast!
Copyright © 2013 by Wordly Wisdom Ventures LLC.
Simplified Chinese Translation Copyright © 2015 by China Machine Press.
Simplified Chinese translation rights arranged with Wordly Wisdom Ventures LLC Press through Portfolio Hardcover. This edition is authorized for sale in the People's Republic of China only, excluding Hong Kong, Macao SAR and Taiwan.
 No part of this book may be reproduced or transmitted in any form or by any means, electronic or mechanical, including photocopying, recording or any information storage and retrieval system, without permission, in writing, from the publisher.
 All rights reserved.

本书中文简体字版由 Wordly Wisdom Ventures LLC 通过 Andrew Nurnberg Associates International Ltd. 授权机械工业出版社在中华人民共和国境内（不包括中国香港、澳门特别行政区及中国台湾地区）独家出版发行。未经出版者书面许可，不得以任何方式抄袭、复制或节录本书中的任何部分。

关键 20 小时，快速学会任何技能！

出版发行：机械工业出版社（北京市西城区百万庄大街 22 号　邮政编码：100037）
责任编辑：方　琳
责任校对：董纪丽
印　　刷：北京诚信伟业印刷有限公司
版　　次：2021 年 3 月第 1 版第 13 次印刷
开　　本：147mm×210mm　1/32
印　　张：9.25
书　　号：ISBN 978-7-111-51862-4
定　　价：59.00 元

凡购本书，如有缺页、倒页、脱页，由本社发行部调换
客服热线：(010) 68995261　88361066　　投稿热线：(010) 88379007
购书热线：(010) 68326294　88379649　68995259　　读者信箱：hzjg@hzbook.com

版权所有・侵权必究
封底无防伪标均为盗版　　本书法律顾问：北京大成律师事务所　韩光 / 邹晓东

前言

致读者

生命如此短暂,掌握技艺却要如此长久。

——杰弗里·乔叟,《众鸟之会》(Parlement Of Foules),1374

"想学的东西太多,可就是没时间。"这是现代人生活的真实写照。

你到底想学习什么?怎么学?你的清单里都写了些什么?

究竟是什么原因让你无法开始呢?原因很有可能有两个:第一,时间太少;第二,技能太复杂。

生命中那些让你感到有价值的事,往往需要你掌握某种程度的技巧,而掌握技巧又需要付出时间和努力。然而,时间,我们似乎没有;努力,我们似乎不愿付出。

于是,我们常常对自己说:"等哪天有时间再做吧!"

我们宁愿把大部分时间消磨在电视和电脑上,也不愿意为梦想付诸行动,因为看电视、玩电脑简直太容易做到了。久而久之,我们的梦想,仅仅只是梦想。

很多技能在学会之前是体会不到它的乐趣的。技能学习往往会经历一个充满挫折的阶段,在这个阶段里没有丝毫进展，你会非常痛苦。既然那么痛苦，又为何要学呢？

尽快解决掉恼人的挫折，不那么痛苦地掌握一门新技能，早点儿尝到学习的甜头，这样不是更好吗？别再浪费时间犹豫彷徨了，赶紧投入到学习中，体会它带给你的乐趣吧！

那么，究竟有没有办法让我们既不用太痛苦，又不用花太多时间和精力就把新技能学到手呢？

依我的经验来看，这是完全可能的！

这本书正是基于我自己的技能实践创作出来的。我会告诉大家如何在规定时间内快速掌握一门技能。实践证明：学习大约20小时后，你不再一无所知，那些恼人的挫折会被你一一解决，最终，技能在你手中变得得心应手。

本书系统地介绍了快速学习技能的方法，这些方法简单易学。不管你打算学语言、写小说、画素描、做生意，还是开飞机，只需20小时就能学会基本技巧，到时候你一定会惊叹于你的精彩表现。

不管你想学什么，这本书都能指导你毫不费力地在短时间内学好技能。只需要稍微用点儿心，你就能学得很快，而且学得很轻松。

本书首先介绍快速习得技能的方法，教大家如何快速掌握一门技能。这些方法并不复杂，用不了多少时间就能学会。接下来，我会指导大家如何把这些方法运用到具体的技能实践中，我会向你演示我是如何在20小时内，或不到20小时（每天90分钟）学会6个全新的技能的：

- 瑜伽；
- 编程；
- 触摸打字；
- 围棋；

- 尤克里里；
- 冲浪。

希望本书可以鼓励你重拾勇气，再次翻开多年前发旧的清单，找到你想学习的东西，下定决心为之付诸行动。

乔希·考夫曼
科林斯堡，科罗拉多州
美国

目录

前言

第一章
作者自述

马尔科姆·格拉德威尔真厉害 / 要"学会"而非"学精" / 要"质量"而非"数量" / 什么是"快速技能习得" /《黑客帝国》带给观众的错觉 / 技能习得与技能学习 / 技能学习的真正意义 / 技能习得和技能训练 / 技能习得和教育、资格认证 / 神经生理学：大脑的可塑性和肌肉的记忆

第二章
快速习得技能的 10 个方法

快速习得技能的 10 个原则真的管用吗 / 沉浸法 / 重拾旧技能 / 良好的开端是成功的一半

第三章
有效学习的 10 个方法

运筹帷幄 / 实践出真知 / 关于这些技能

46 ── 第四章

瑜伽

学习心得：别把事情搞得太复杂 /"你应该好好认识一下瑜伽……"/ "气轮、灵气、昆达利尼静心"，我真受不了 / "面部放松" / "居士"的窘境 / 当学生准备好，老师就会出现 / 这一刻，我想正儿八经练瑜伽 / 到底什么是"瑜伽" / 古典瑜伽体位 /《瑜伽经》的编纂 / 现代瑜伽的创始人 / 师父的安排 / 新式瑜伽 / 瑜伽＝呼吸＋运动＋冥想 / 摒弃误解 / 瑜伽危险吗 / 制定最可行的目标 / 瑜伽装备 / 学习瑜伽姿势 / 拜日式动作序列 / 记住像达斯·维达一样呼吸 / 站立姿势 / 地板姿势 / 克服困难 / 方法回顾 / 接下来做什么

78 ── 第五章

编程

学习心得：复杂的东西拆解之后就会变得简单 / 进步的代价 / 问题检查 / 系统瘫痪 / 一个潜在的解决方案 / 学习编码 / 什么是编程 / 编程语言 / 像程序员般思考 / 是什么让网络应用程序与众不同 / 网络应用编程语言的选择 / 框架选择 / 解构最终结果 / Ruby 升级 / 什么是"Git" / 程序库安装（gems）/ 埋头读书 / 注释和调试 / 交互式 Ruby（IRB）的检验 / 应用 #1：Sinatra 的静态网站 / 基本应用的创建 / 警告，警告 / Sinatra 走上舞台 / 应用 #2：Codex–个人笔记本数据库 / 进入 DataMapper / 使用 DataMapper / Pow 函数 / 编码、测试和修改 / 个性化需求，到处都是个性化需求 / 创建页面 / 编辑页面 / 删除页面 / 页面明细表 / 第一次启动应用程序 / 添加侧边栏支持工具 / 添加 Markdown 支持工具 / 增加安全性 / 添加"Flash"消息 / 代码完成 / 愤怒机器 / 方法回顾 / 接下来做什么

第六章

触摸打字

学习心得：老习惯不一定很难改掉 / 键盘背后的生活 / QWERTY 布局如何成为通用的标准 / 竞争的出现：Dvorak（德沃夏克）/ 一个新的挑战者出现：Colemak / 如有疑问，测试 / Colemak 看起来是什么样子 / 如何开启 Colemak 模式 / 改装键盘 / 我打字有多快 / 翻转开关 / 我已经看到敌人，那个人就是我自己 / 重塑我的大脑 / 修改 Keyzen / 精细运动技能 / 睡觉的时候学习 / 认知干扰 / 打破看键盘的习惯 / 达斯键盘 / 刻意练习和环境练习 / 最后的努力 / 每分钟 60 个单词的印象 / 方法回顾 / 接下来做什么

第七章

围棋

学习心得：探索，然后决定 / 放下你的武器，我不会伤害你 / 世界上最古老的战略棋盘游戏 / 战争的艺术 / 游戏的规则 / 宇宙的大小 / 玩家（和计算机）是如何下围棋的 / 一局真正的游戏 / 模式识别 / 运用你的感觉 / 围棋水平 / 准备就绪 / 跟着小白兔（出自《爱丽丝梦游仙境》），进入梦幻的围棋世界 / 排除干扰 / 再学规则 / 不自由，毋宁死 / 请不要自杀 / 逼到角落 / 不可以无限循环下去 / 获胜的条件 / 防守 / 骑士冲锋 / 竹子强于钢铁 / 经受 100 次战斗的洗礼 / 只有一个"眼"，不好 / 两个眼，很好 / 假眼 / 关于"拆解" / 梯子 / 抛网 / 把练习时间最大化 / 人机对战 / 经验之谈 / 古老的智慧 / "五棋"问题 / 达到目标 / 方法回顾 / 接下来做什么

234 —— 第八章

尤克里里

学习心得：静心、训练、重复 / 关于尤克里里 / 尤克里里：生活的主宰 / 新起点 / 辅助装备 / 有趣的挑战 / 为你痴，为你醉 / 何谓成功 / 四弦乐 / 剖析尤克里里 / 调音 / 音调与和弦 / 演奏和弦乐 / 弦乐练习 / 弹奏模式 / 边唱边弹 / 自由演唱 / 表演时间 / 手指拨弦 / 1-4-5 / 方法回顾 / 接下来做什么

256 —— 第九章

帆板冲浪

学习心得：大自然的环境因素 / 水上生活 / 有 Bug 的风帆运动 / 风帆冲浪运动危险吗 / 要从哪里开始 / 整装待发 / 收集资料 / 靠后，我要讲物理了 / 观察风 / 风帆冲浪离不开风 / 组装 / 首航 / 任自然摆布 / 自救 / 受伤事件后的分析 / 前车之鉴，后事之师 / 怎么把帆板转向 / 万物皆有时节 / 方法回顾 / 接下来做什么

后 / / 记 // 282

注 / / 释 // 284

第一章 作者自述

"我每天很早起床,既想认认真真做点事,又想无忧无虑去玩乐。对我来说,做好一天的计划真的是一件很有难度的事情。"

——埃尔文·布鲁克斯·怀特,美国当代著名散文家、作家,著有《夏洛特的网》(Charlotte's Web)和《风格的要素》(The Elements of Style)

你好,我叫乔希·考夫曼。我是一个不折不扣的"学霸"。你瞧,我家里和办公室里的书架上已经堆满各种各样的书、工具,还有那些从没碰过的器材,多年下来,大部分都布满了厚厚的灰尘。

我常常在亚马逊网上寻找我喜欢的书,购物车里有多达241本书,这个购物车就好像一个清单,满载着我想读的几百本书。我平时也喜欢去逛书店,不买走三四本书我是不会罢休的,目前我所有的书加起来得有852本了。

每天,我都会有一些新的念头或想法,有的

是关于我的新项目,有的是关于我的新实验。我把这一个个想法写进我的一个叫"将来某时/也许"的清单里,这里记录的全是我想做但暂时没有时间做的事。每当看到密密麻麻的待办事项,我就感到前所未有的压力,所以我不常去翻看它们。我想做的事情太多太多:想提升我的出版业务;想拍摄视频和剪辑视频;想制作一个音频节目;还想知道怎样开好研讨会和怎样教好书。

我构思出了一个新产品,可我不懂如何制作;我想出了一个新的电脑程序,可是我不懂如何编程;我还有很多写作创意,可我没时间和精力用笔墨书写。我似乎有太多小点子,但却无力在有限的时间内将之一一实现。

对了,我还想学画画、学皮划艇、学"飞钓"、学攀岩、学乐器(比如吉他、尤克里里、钢琴和电子小提琴)。除此以外,我也特别热衷于学习一些轻松的棋类游戏,比如围棋,它是我多年以来一直很感兴趣但至今未学的。至于国际象棋,我早就学会了,但我下得不好,自然就没什么兴趣,一年也下不了几次。

我喜欢打高尔夫,但是打完整场下来我就备感尴尬。(我经常自嘲打的是"马拉松"高尔夫,因为我总是以马拉松的方式打完18洞。)

似乎每天都有新东西被我写进清单里。但问题来了:想学的太多,时间却太少。

我天生独立,做什么都靠自己,凡事亲力亲为。即使有人做得比我快,我也不会请他帮忙,我不想失去一次宝贵的学习经验。

说说我的家庭吧。我的太太叫凯尔西,她有自己的事业,出版供瑜伽教练使用的继续教育培训教材。事业让我俩很充实,我们总有做不完的事。后来,为了让生活更加幸福美满,我们把小家伙莱拉——我们的女儿,迎接到了这个世上,她现在只有9个月大。

当我和凯尔西决定要孩子时,我们就达成了这样一个共识:孩子将是我们生活的重心。于是,我辞去了在世界500强企业的管理工作。我需要重新安排生活,干有弹性的工作,可以让我多陪孩子。

初为人父人母,我和凯尔西要轮流照顾小孩,忙得不可开交。上午她工作,我带小孩。下午就轮到她带小孩,我工作,一直忙到做晚饭。一周下来,我差不多只有25个小时的工作时间,不过在莱拉睡觉时,我也可以忙里偷闲地做点自己的事。

的确,有了莱拉后,我几乎快没时间干自己的工作了,更不用说学什么新东西了。以"学霸"自居的我,居然没工夫学习,这事儿足以让我抓狂。说实在的,即使做了爸爸,我也不想完全放弃学习和进步。尽管我没有太多空闲时间,但是我一定要充分利用仅有的属于自己的时间来学习感兴趣的事。

要想快速学习一门技能,方法一定要得当。尽管家里有孩子需要照顾,但是我仍然希望继续学习新东西。我不愿花很多时间在过程上,我希望在短时间内挑要领的部分学习,这样,我不但不会有持续的挫败感,反而会有明显的进步。

你可能立马会问我:"每天把工作和家务做完后,你究竟还有多少'闲'工夫?你是否正在幻想每天有36或48小时,这样你才能静下来学点儿东西?"

俗话说得好,"聪明的人工作轻松"。这个道理也适用于新技能的学习,就是说,衡量技能学得好不好的关键并不在于你练习的时间,而是练习的方法。

马尔科姆·格拉德威尔真厉害

2008年,马尔科姆·格拉德威尔写了一本叫《异类》的书。他在书中分析了有些人比别人成功的原因。其中,格拉德威尔反复强调了一个概念"一万小时定律",即"练习一万小时成天才"。根据佛罗里达大学心理学家K.安德斯·爱立信的一项研究表明,一般情况下,专家级水平是"刻意练习"出来的,只要经过一万小时的锤炼,任何人都能从平凡到超凡。[1]

"一万小时"是什么概念呢?如果你每天苦练八小时,你得用整整三年半的时间,全年无休地学习技能。如果除去双休日,一年标准工作日就为260天,你同样每天苦练八小时,要达到一万小时的话,就必须以这样的方式投入百分之百的时间和精力学习5年。

事实上,思想高度集中是十分耗神的。即使世界顶尖领域的大师(音乐家或专业运动员)也才能勉强坚持每天"刻意练习"三个半小时。这就意味着,你如果想成为某个领域的专家,至少需要10年。

爱立信博士在他的研究中就告诉我们这样一个事实:如果你想在某一技能上成为世界级大师,哪怕这样的大师光环在很短的时间内就会消失,你也必须得为此付出大量的时间和精力去练习,很可能这样的磨炼会持续数十年。如果你不愿意花时间苦心孤诣、练习不辍,那么你终究归于平凡,眼睁睁看着那些有超人耐心和毅力的人水滴石穿,终成正果。

《异类》这本书出版后,在长达三个月的时间里,一直荣登非文学类、非虚构类畅销书排行榜榜首。一夜间,"一万小时定律"像学习技能的万能良药一般家喻户晓。你可能以为学新技能似乎没有那么难，不就是拿出时间练习吗？不就是花一万小时吗？但是你有没有想到，现在如果一个人一周能腾得出几个小时的时间学习的话，那他就很了不起了。为了擅长于某项技能而耗费这么长的时间，又到底值不值得呢？

要"学会"而非"学精"

在你要放弃梦想以前，请看看这个。

爱立信博士的研究中有一条很容易被忽略的关键内容：对大师级水平的研究。说的是，如果你期待成为第二个老虎伍兹（高尔夫球名将），那么你必须要用至少一万小时精心地、系统地练好高尔夫的每一个步骤。几乎每一个高尔夫运动员都是从小开始学习高尔夫的，他们历经至少七年的不间断练习才有可能成为顶级大师。

但是，假如你玩高尔夫不是为了打进职业巡回赛，只是想把技术练得顺手些，不至于让自己太难堪。目的单纯只是为了让自己玩得开心，顶多想想以后要是有机会打进俱乐部就不错了。如果你是这样的想法，那我得说这是另外一回事了。既然你不想成为超凡的大师，当然也就不需要付出所谓的一万小时的努力了，仅仅花适当的时间和精力，你就可以达到"学会"的目的，因为你要的是"学会"而非"学精"。

我并没有低估爱立信博士提出的"刻意练习"（指有目的地、系统地练习某项技能）的重要性。刻意练习是学习技能的核心。问题是，到底需要刻意练习到什么程度才可以达标呢？一般来讲，没有你想象的那么难。

要"质量"而非"数量"

充分练习是快速学习技能的关键。在本书中，我要抛开世界级大师这个话题，说说如何开发我们常人的潜能。我们也会一起想办法快速解决在学习技能的过程中遇到的各种问题，从而提高我们的技能。

我很认同各界超凡大师曾经遵循的"一万小时定律"，不过我即将在本书中介绍一套快速学习技能的新方法——"全神贯注、巧妙智慧的 20 小时"。

我们要用这一套方法努力实现预期目标。或许你从未品尝过获得金牌的甜蜜，不过我要告诉你，你很快会体会到收获成功的幸福。

你想离成功更近一步吗？那么请下定决心选择一门技能开始学习吧，给自己 20 小时培养自己快速掌握技能的能力。只要你选好兴趣点、学好基本功、订好学习计划、灵活安排好练习，你就能在短时间内取得持久的进步，不久你就会达到专业水准。

什么是"快速技能习得"

快速习得技能是一套学习方法，要求你把要学的技能细分为若干小步骤，把你认为最重要的步骤先挑出来集中学习。总的来讲，我们可以分为以下四大步。

- 分解步骤——把技能做最大程度的细分，分成若干小步骤。
- 充分学习——对每个小步骤进行充分学习，以便进行灵活的练习，并在练习中自我纠正。

- 克服困难——克服在练习中出现的生理、心理或者情绪上的障碍。
- 集中练习——至少用 20 小时集中学习最重要的小步骤。

就这四步,远没有你想象的那么难吧。你只需要选一项技能,摸索出最好的方法,腾出时间练习,直到你熟练掌握为止。

对于快速掌握技能,我这里没有什么神奇的妙招,仅仅是教大家用点小聪明、小策略,专心致志地学习。只要你稍作准备,不用怎么费力就能快速学会技能。但千万别急于求成,有的人学习失败了,主要原因还是在于他过于追求立竿见影的收益了。

《黑客帝国》带给观众的错觉

还记得在影片《黑客帝国》里有这样一个桥段吗?男主角基努·里维斯睁开眼睛,眨了眨,轻声说:"我会中国功夫了。"很抱歉,我不得不告诉你这样一个事实:我说的快速学技能可没他在影片里学得那么快,眨眼之间就会武功了!

就习得技能的速度来说,好莱坞的影片可没少骗我们。比如,编剧让男主角把软件直接下载到大脑里,不到 5 秒钟,他就顺利地把"贝尔–212 直升机"开上了天。这简直太酷了!然而,这样的虚幻构思已完全超出现实科学的范畴。

如果大脑有一天真的具备了这种不可思议的下载功能的话,那么"快速"就意味着,花极少的时间就可以掌握技能,那么人们也不必像现在一样在盲目、无序、矛盾中艰难地学习了。

我最早学习的专业技能之一是网络开发,主要负责创建功能强大的网站。1996 年,我创建了火天使网站(Angelfire.com),

自学了 HTML 超文本标记语言和 CSS 网络通用语言，学会用 Adobe Photoshop 软件编辑图像、配置网络服务器以及维护我的出版系统。

我在高中和大学从来没有接触过网络开发。尽管我在大学花了四年的时间学习与计算机相关的商业信息系统专业，但是书本上写的和我平时做的完全是两码事。

我当年学习网络开发时，并没有一个明确的计划，很随意，发现什么学什么，边干边学。每次我偶然听说了某个新技术或某个新工具可能对我的个人网页有用或者可以减轻我们的工作负担，我都会亲自试验一下看到底行不行。年深月久，我的技能逐渐提高。

没想到我这"没头苍蝇"似的学习方法居然奏效、管用了。我靠这门技术找到了饭碗，我现在就以在网上发布信息为生。然而，我付出了太多汗水学习网络，从 1996 年至今，我整整花了 15 年的时间。如果你系统地把技能的核心要领掌握了，用不了 15 年，你就可以达到我现在的水平。如果你再稍微聪明地开展练习，不出一个月你就可以达到一般水平。这其实就是快速习得技能的方法。假如你在一个月内集中学习完大部分网络设计知识，这绝对是了不起的进步。我相信，这一定在你的能力范围之内。

花在技能习得上的时间不但关系到你能不能全神贯注地投入到"刻意地学习"和"聪明地练习"中，而且关系到你最终的学习效果。

别奢望"一夜惊喜"，别奢望明天立刻拥有娴熟的技艺。如果你不按照步骤，机械地学习，那么最终你投入的时间一定比别人多得多。

在详细介绍快速习得技能的方法前，你必须知道一个道理：

我即将要讲的"如何快速习得技能"和老师在课堂上教你们"如何学好一门课"是完全不一样的。学习课本知识和学习技能本来就有着千差万别，至于两者的"学习速度"，自然也就没有可比性。

技能习得与技能学习

学一门语言其实也是学习一门技能。很多美国的高中很重视学生的外语学习，记得当时我学的是西班牙语。回想那四年，几乎每天都有西班牙语课。幸运的是，我学得很好，学习成绩一直全优。

可如今，对着西班牙人，除了"你好""你今天过得好吗""我很好"这几句日常用语还能说得出之外，别的我什么也想不起来。（我甚至不记得"我今天过得不好"又该怎么讲。）

就我的西班牙语学习而言，书本知识倒是掌握得很牢固，可诸如"与人交流"这样的口语习得我仍没有过关。来看看我的一位朋友，他和我截然不同。

我的朋友，卡洛斯·米塞利，从小在阿根廷长大，能说一口流利的西班牙语。上高中时，他很喜欢英语，梦想着以后能说一口流利的英文。于是，他很努力地开始抓住一切机会和英国人聊天以此达到练口语的目的。一次，他在网上聊天时，无意中发现了 Skype 这一款支持语音通信的即时通信软件。这款软件通话成本不高。安装好后，他就经常通过网络给英国网友打电话聊天。此外，他还建立了英文网站，也常在上面写点儿东西。最终，Skype 帮他练好了英语口语，网站帮他练好了英语写作。

就技能习得而言，卡洛斯做得很棒。他从来没有听过英文课，不懂英语语法。他甚至没有办法告诉你，他究竟是怎么会的英文。可这些似乎一点儿都不重要。因为事实就摆在我面前：他现在英文真的很厉害，"说"和"写"没有任何问题。

斯蒂芬·克拉申，是南加州大学的博士、语言学专家，主要研究第二语言习得。他认为"语言学习"和"语言习得"是有区别的。

在学校，我花了很多工夫学西班牙语。我背了上千个单词，掌握了动词的变化形式和语法规则。我把西班牙语差不多学透了，考试成绩也一直名列前茅。

学习成绩虽然好，然而，我却没有办法用西班牙语清楚地表达我的意思，也没有办法在正常语速下听懂西班牙人的话。我发现学校的考试既没能帮我提高语言的口头表达能力，又没能帮我提高听力理解能力。"能说一口流利的西班牙语"，如果这是我一开始的学习目标的话，那么我想我没有必要花四年的时间在学校学习，找一个外国人和我聊上几个星期不就行了吗？

"考试全优"是我当年学习西班牙语的初衷，所以我很努力地在课堂上学习词汇和语法。而我的朋友卡洛斯非但没有老老实实地学习诸如动词词性变化这样的基础知识，反而翘课出去找"老外"聊天练口语。他并没有觉得这有什么不妥，因为他很清楚只有经常说英文，才能提高口头表达能力。显然，"说一口流利的英语"才是他学习的目标。

由此，我们可以看出"技能习得"和"技能学习"的确不同。从学习效果和长远意义来看，卡洛斯的"语言习得"比我的"语言学习"更胜一筹。

技能学习的真正意义

并不是说,技能学习不重要。相反,关于技能的理论知识是极其重要的,可能这是你没有想到的,只有学好了理论,才能在实践中自我修改和自我完善。

我们再以学习西班牙语为例。当你和西班牙人聊天时,如果学会了动词词形转换,你可以边说边修改,慢慢地你就会使用合适的动词形式了。如果学会了常用词汇,你不但可以很快明白对方的意思,你还会很有意识地记住对方用得很好的某个单词或短语,这个单词或短语也许就是你之前想说但不知怎么说的。

斯蒂芬·克拉申称之为"语言监控假设",它体现了"语言习得"和"语言学习"的内在关系。根据这个假设,"语言习得"与"语言学习"的作用各不相同。"语言习得系统",即潜意识语言知识,才是真正的语言能力。而"语言学习系统"是指有意识的语言知识,只是在第二语言运用时起监控或编辑作用。"语言学习"有助于你在练习语言的过程中,及时编辑好、组织好你要说的话,修改好你用得不恰当的表达。这下你该知道"技能学习"的重要性了吧?如果我们把"技能习得"和"技能学习"混为一谈,那问题也就来了。

当你想习得新技能时,你必须在一定的要求下训练。这要求必须通过技能学习才弄得清楚。技能学习可以增强你在实践中的训练效果,但绝对不能只练不学,也不能只学不练。

技能习得和技能训练

技能习得和技能训练也有很大不同。技能训练是在技能习得之后，重复练习以达到提高技能的目的。也就是说，掌握了基本技巧后，如果你还想提高的话，那么就进行技能训练。

以跑马拉松为例，我们当中的绝大多数人在孩提时代就已经知道如何跑马拉松。技巧很简单：一只脚在前，一只脚在后，双脚交替跑动，一直坚持到你跑完全部 26.2 英里。

看似简单，其实跑马拉松需要花很多时间和精力去锻炼身体和强健体魄，这个过程本身就是一个训练的过程。你训练得越充分，身体就越强壮，跑得就越快。

跑马拉松还有一个学习重点：你如何报名参加比赛？具备怎样的资格才能参加诸如波士顿马拉松比赛这样的大型赛事？每次比赛你给自己定什么样的目标？如何调整步伐节奏？穿什么样的运动衣和运动鞋？

例如，大部分人在跑 5000 米时，不会去考虑运动衣和皮肤之间的摩擦力这样的小问题，他们觉得这简直无关紧要。但是，当你完成全程 26.2 英里的马拉松时，这样的摩擦力的确会成为一个大麻烦。

提前做好防护准备，否则在长跑过程中，上衣内侧和乳头不断地摩擦，这个敏感部位就很可能被摩擦出血。乳头疼痛甚至流血是跑步者（大部分为男性）最尴尬或者痛苦的问题之一，但这是完全可以避免的。（信不信由你，网上很多这样的奇闻异事。）

通过训练和学习，你可以相对轻松地跑完全程，但这并不是技能习得。真正的技能习得需要达到一定的训练量，否则就没有效果。准备工作可以让你在技能习得的过程中学得更轻松，但准备是不能替代训练的。

重新从基础开始学跑步，这才是技能习得。"气式跑步法"[2]注重效率，它可以有效减少运动员在步伐交替过程中的能量损失。稍加练习，运动员就可以重新掌握跑步技能，并在随后的训练中巩固提高。

技能习得和教育、资格认证

全世界的老师和教授对待教学意图高尚、兢兢业业，然而，当今教育和资格认定的方式几乎与技能习得无关。

技能习得需要长时期持续、专注地练习，同时也需要你创造性地、灵活地、自由地树立属于你自己的目标。

令人遗憾的是，如今大部分教育和资格认定仅仅考查学生是否学会"服从"，而不考查学生是否学到有用的"技能"，仅仅通过一群脱离学生的委员会成员制定一套主观的"考查标准"，以此考查他们最在乎的学生应具备的某些素质。

"创造、灵活、自由"是快速习得技能的关键因素，但这几点却不在教育和资格认定的标准之列。如果标准定得太过灵活，那就没有标准了，难道不是吗？

然而，严苛的教育和资格认定大大阻碍了技能习得。"机会成本"是主要问题：假如资格认证的要求很高，高得足以影响你的技能训练，那么，我认为"资格认证"这个过程实际上是弊大于利的。

我突然想起一个思路敏捷、事业心强的女人。她梦想开一家软件公司，于是花了四年的时间学习计算机科学专业。[3] 到最后一学期，这位准毕业生为了应付考试，花了几个月的时间学习计算机程序和分析编译程序。但遗憾的是，她即使背了那么多计算机程序的书，她也无法设计出一个有用的计算机程序来。

开软件公司需要掌握大量的新技术：学习编程语言、建立和维护计算机系统、研发使用工具和程序、创建模板、查找初始用户、寻求赞助或融资渠道以及处理日常工商管理事务。

　　创业与资格认证之间有什么联系吗？有倒是有，但值得注意的是，你为达到标准所付出的这份努力帮你获得了资格认证，也就是说，你获得了文凭。然而，到底这些标准又能不能帮你习得技能，并在现实生活中发挥作用呢？这个问题充其量也只是再次之才要考虑的。

　　《在家就能读 MBA：掌握经营的艺术》（2010）(*The Personal MBA: Master the Art of Business*)，这是我写的第一本书。在这本书中，我解释了为什么没去学校念企业管理课程，偏偏通过自学现代企业管理知识开办了自己的公司。没去商学院，给我自己节约了 15 万美元的学费不说，反而让我将更多的时间和精力投入到公司业务上，这让我学到很多书本上学不到的东西。无论从哪个方面来讲，把时间和精力花在管理技能的学习上比花在商学院更值得，这是毋庸置疑的。

　　如果你想擅长某项技能，而这项技能特别强调现实生活中的实践能力，那么你必须好好实践。光靠读书是远远不够的。

神经生理学：大脑的可塑性和肌肉的记忆

　　在进入快速技能习得这一章前，我需要你做最后一件事：相信自己具备学新技能的能力。"人天生就具备或者不具备某种能力"，这句话听起来似乎很奇怪，但的确很容易令人信服。

　　心理学家卡罗尔·德韦克在《看见成长的自己》(*Mindset: The New Psychology of Success*) 一书中写道："20多年的心理学研究发现：有两种可以使人们创造出不同世界的思维模式——僵固式

思维模式和成长式思维模式。"

德韦克发现,"僵固式思维模式者"认为天赋就是能力本身。一个人若数学不好,是天生的,他注定学不好数学,为什么要浪费时间和精力去做数学题呢?

但成长式思维模式的人则认为,真正哺育天赋的却是反复的练习和长期的坚持。如果一个人做错了数学题,不是他没有天赋,而是练习得还不够。只要持之以恒,假以时日定能掌握解题方法。

研究表明:只要肯练习,人的大脑是具备提高技能的功能的。我想,这对陷入僵固式思维模式的人来说的确是个好消息。我们不否认天赋是可以遗传的,但如果你后天肯花时间和精力刻意地、聪明地练习,那么你一定可以掌握技能。此时,遗传因素就显得太微不足道了。相信自己:只要肯练习,技能就一定能提高。

神经学家认为人的大脑是"可塑的",这表明大脑根据你所处的环境的不同、做出行为的不同以及行为后果的不同,产生生理变化。在学习技能时,大脑的神经传导会在你训练的过程中发生变化。

约翰·梅狄纳博士是一位专注于人脑发展基因以及精神病遗传学问题的发展分子生物学家。在《让大脑自由》(2009)(*Brain Rules*)一书中他提到"一起激发的神经元,会串连成一气",在大脑的物理传导中形成独特模式,久而久之,在练习技能的过程中,神经元开始对你所处的环境进行反馈,并以更有效的形式激发。

如果你学开摩托车,手脚都得动起来,一开始,你总是相对迟缓。你需要顾及你做的每个动作,你常常犯些令人沮丧的小错误。学基础时,你往往要很用心。

随着深入地练习，肌肉就会随着你的心理协调起来。你对练习过程中微妙的细节也更加注意，你也慢慢学会调整方法来适应你所处的环境。

你会发现，在练习中会的多了，不会的变少了。最终，潜移默化地，在无意识的情况下，你就能完成好每一个细节了。

在学术上，我们把技能习得总结为三大步骤。[4] 这不论对肢体技能还是心理技能都同样适用。

1. 早期认知。了解你即将学习的技能是什么，探索研究，想想整个过程，把技能细分为几个可以控制的小步骤。
2. 中期联想。训练、注意环境反馈，根据反馈调整方法。
3. 后期自主训练。不用怎么有意识地注意方法步骤就可以很自如地开展技能训练。

神经生理学技能习得的过程，我们随时都在经历着，甚至就在此时——你阅读的瞬间，大脑也在工作着，它正经历着"学习、解码、巩固新技能"这几个步骤。

正如卡罗尔·德韦克博士在书中提到的那样："人的大脑就像肌肉一样，锻炼得越多，发育得越好。"练习得越充分，技能才会学得有效果，有效率，更自如。

当我们提到快速习得一门技能时，这一点就太重要了。如果你的大脑和你的肢体有能力学好一门技能，那么我们就可以继续了解如何快速学习技能了。

第二章 快速习得技能的 10 个方法

> "我发现空手道不是掌握那 4000 个动作就能学好的。想要学好它,关键在于你能不能把那些基本动作不断反复地操练 4000 遍。"
>
> ——查特·贺姆斯,《终极营销机器》(*The Ultimate Sales MaChine*) 作者

之前我们谈了什么是技能习得,那么怎样才能快速习得技能呢?这一章主要和大家分享快速习得技能的 10 个方法,它们适用于任何一项技能。

这些方法会让我们不知不觉地对某个技能产生"临时的痴迷"。也就是说,当我们对某项技能感到特别好奇时,只要掌握了方法,你就会自然而然地去学习,并乐此不疲。或许你目前还有别的事情要做,但是此刻,你的确已将它们抛之脑后,至少暂时不会去想它们。这些方法还可以帮助我们判断某项技能到底值不值得我们为之执着,哪怕是暂时性的执着。当我们执着于某项技

能时，我们便可以心无杂念地专注学习。

下面分别介绍快速习得技能的 10 个方法。

一、选择方向

卡尔·波普是近代最有影响力的哲学家之一。他最广为人知的研究是提出以理论的可证伪性作为科学与非科学理论之间的分界标准。通俗地讲，就是说，如果你通过观察和实验找不到某个理论的反例，那么这条理论实际上是不科学的。

卡尔·波普提出过很多有见解的观点。其中，我认为这句话说得最聪明："人世间最幸福的事情莫过于发现问题，爱上问题，设法解决问题，直至下一个更有意思的问题出现。"假如你追求的是一种模式化的生活（这种模式可以保证你过得充实而满足），那么你将无法体会"出差错"的幸福。要想习得技能，必须得有兴趣点的存在，也就是说，我们必须去发现问题，同时你又有很大的兴趣去解决它们。因为你越有兴趣，你学得就越快。

兴趣点实际上是因人而异的，每个人的需求是不一样的。比如，就我而言，目前学习中文不是我特别急需的。当然，如果有一天我决定去中国工作了，那么学习中文会是我的兴趣点。

最近，我对中国围棋特别着迷。围棋有 3000 多年的历史了，是世界上最古老的战略性棋类游戏之一。多年前，我无意中看到别人下围棋，觉得非常有意思，当时就下决心要好好学习学习。围棋规则很简单，但难就难在要在黑白棋交替过程中，清醒地判断强弱的转换、势力与实地的转换，从大局上把握全盘进程。人和计算机比赛下围棋已经实现很多年了，即使是最聪明的计算机也敌不过技艺更精湛的玩家。

人们对于自己在意的事情，往往学得很快。先学中文，还是先下棋？目前，我特别在意下好围棋这回事，那么我就先学下棋，把学中文的事先搁一搁。总而言之，如果你优先学习你感兴趣的事，那么你肯定花不了多少时间就能学成。

二、集中精力

巴不得一口气可以学很多技能，这是初学技能时最容易犯的错误之一。其实，学习技能的关键之一在于能否把时间和精力集中在某一项技能的学习上。假设你每天只有一个或两个小时的时间学习，你又把这一两个小时平均分配到 20 个不同的技能上，那么单个技能的学习效果会如何呢？我想应该没有明显进步，因为每项技能都没有得到充分的练习。这是十分简单的数学道理。

想快速习得技能，就该把精力放在一门技能的学习上。然而，有一类人可能比常人更难认同这一点，我想我从头到尾就属于这类人吧。我们这类人是"文艺复兴人"，是激情澎湃的"博"学家。无论何时、无论何地，我们想学的东西总是多得数不清。但凡自己发现或者听别人说起有新玩意儿可以学习，不论多少，我们总怀有巨大的热情，也很难从内心拒绝它们。[1]

可是，当我想一口气学习所有技能时，我才发现其实什么也没学到。我浪费了太多时间穿梭于不同技能之间。没有进展，没有欣喜，也没能从一而终，这样的学习将注定我无法快速掌握技能。

选择一个你心仪已久的技能，记住，"有且只有"这一个。把你闲暇的时间和精力都投入到这项技能的学习上，至于别的技能，暂时惦记着就好，不一定当下就要去完成。戴维·艾伦在自己的著作《搞定：无压工作的艺术》(*Getting Things Done*)一书中推荐读者朋友学会列出一种叫"将来某时 / 也许"的清单，你可以把涌上心头的各种想法统统塞到这个清单中去。也许你并不急于现在就去做清单上的事，但或许在将来的某一天你会将之完成。随着你慢慢地、一项项地增添清单上的内容，你的创造力也在无形中被激发出来，直到某一天你真的能够为之付诸行动。

"集中精力，只学一门"对快速习得技能的重要性是不言而喻的。当然，这并不意味着你把其他技能拒之门外，只是你暂时将之搁置，等待未来重拾。

三、制定目标

学习目标的制定有利于我们对预期目标做到心中有数，有利于我们最终学得足够优秀。

这个目标，说得简单一些就是学完这门技能后你要求自己达到什么样的水平？在日常生活中拥有这样的技能，你到底又能做些什么？目标越细，学得越好。

制定学习目标让我们有机会去想象我们学成以后会是什么样子。一旦未来努力的方向定下来，就更容易达到目标。查尔斯·凯特林是电动自动起动装置的发明者，他曾经说过："问题一旦很好地陈述出来，也就解决了一半。"这里的"问题"其实就是他给自己制定的"目标"，也是他努力的方向。

那么，如何制定目标呢？这个问题的答案与你为何优先选择这项技能有关。如果你的初衷只是玩玩而已，没有任何要求，那么从一开始你就不会感到失望，并且会很享受训练的过程。然而，如果从一开始你就想学真本事，那么首先就应当明确并接受这门技能的最低要求。一旦你实现了最初目标，如果你愿意，你仍然可以继续努力，朝新的目标迈进。制定目标时要有分寸，既不能"唾手可得"，也不能"好高骛远"。只要把这个度把握好，就能制定出最棒的目标。

一般说来，你的目标制定得越轻松，掌握相关技能的速度就越快。学习之初，如果你不以世界大师级的标准要求自己，就能快速制胜，你相信吗？听起来可能你不信，但事实上，这才是我们真正要做的——降低标准。快速习得技能的目的并不是要尽善尽美，成为世界级大师，而是要在兼顾能力和效率的同时，快速提高技能。

值得注意的是，对于某些技能，一定要把"安全注意事项"作为学习的目标之一，防止意外发生。如果在训练中"受了伤"或"丧了命"，那么再怎么谈快速习得技能也没有什么实际意义了。

四、分解技能

我们学习的大部分技能都需要细化步骤。当定下想学习的技能后，就该把这项技能细化为若干步骤。比如打高尔夫，非常讲究步骤。第一步就要选择合适的俱乐部。然后分别学习如何挥杆发球、如何对付掩体、如何送球入洞，等等。

分步骤学习技能，有助于我们在众多步骤中判断出至关重要的那一步。如果先努力把至关重要的步骤学到手，我想剩下的几步也会学得比较轻松顺利。此外，分步骤学习技能有助于我们专注学习。这样，非但不会手足无措，反而能达到意想不到的效果。

细化步骤以后，我们会发现有些步骤对初学者来说是十分重要的，而有些步骤却不是。这就要求我们在初学技能时，学会对步骤进行筛选。把关键的步骤先找出来，再集中时间和精力去学习。

五、获取工具

大部分技能的学习都离不开必要的工具。想打网球，没拍子怎么行？想开飞机，没飞机怎么行？在投入时间和精力学习一门技能之前，你一定要想方设法弄清楚一些问题。诸如，学习这门技能需要什么样的条件？要使用什么样的学习用具？你能不能弄到这些学习用具？或者说，你买不买得起它们？因为对于某些技能而言，只有获得了必备工具，我们才可能最大限度地利用时间充分学习。

六、扫除障碍

某些因素会对训练过程造成障碍，这无疑增加了技能习得的难度。这些因素可能来自以下方面。

- 训练前的准备工作。例如，训练前找不到工具放哪儿了；训练前还没有选到合适的工具；忽略训练的必要条件。
- 使用临时训练工具。例如，借别人的装备，也就是说，你使用的器材是有时间限制的，随时会被要求归还。
- 环境干扰。例如，开着的电视；突然响起的电话；刚刚收到的电子邮件。
- 情绪障碍。例如，害怕；怀疑；害羞。

以上每一个因素都会使训练难以开展，所以，技能习得的速度会随之降低。

靠意志力去克服这些障碍不见得是明智的做法。尽管我们每天都能随意支配我们强大的意志力，但是，我们必须聪明地利用意志力去解决问题，去改变我们面对的不利因素，从而扫除训练中的障碍。这样，技能训练就不再困难，技能习得也不再缓慢。

七、腾出时间

我们必须抽出专门的时间习得新技能。但遗憾的是，我们往往一边习得新技能，一边兼顾别的感兴趣的事，如看电视、玩视频游戏等。我们常常嘀咕着："等我找到时间再说。"事实上，去"找"时间这个说法是一个谬误。我们总是出乎意料地发现自己在某个时候突然多出来一些时间，就像无意中从大衣口袋里翻出一张20元钞票那样，很偶然。从这个意义上来讲，没有人愿意为任何事情刻意去"找"专门的时间。

如果你指望"找到"时间再去做某件事，那么这件事将永远不可能完成。想"找到"时间，先得"腾出"时间。

一天有24小时，刚好1440分钟，再没有更多的时间。如果你用8小时睡觉，剩下的16小时自由支配，一部分时间用来照顾自己和心爱的人，另一部分用来工作。

不管你还剩下多少时间，这些时间都可以用来习得技能。如果想尽快提高技能，那么需要你腾出更多专门学习的时间，这样效果会更好。

为技能习得腾出时间的最佳方法是筛选出低效时间，将之淘汰。你要做的就是准备好一个笔记本，试着把一连几天的时间安排做一个简单的记录。

记录的结果会让你吃惊不小：如果你肯淘汰掉很多低效时间的话（尽管这对你来说有点艰难），你会拥有更多的时间用于习得技能。因为如果每天你花在其他事情的时间越多，你用于技能习得的时间就越少。我认为把那些低效时间淘汰后，每天至少能腾出90分钟来。

另外，建议你下决心保证 20 小时的训练量。一旦训练开始，就别停下来。如果中途卡住了，一定要坚持住，直到达到 20 小时这个初级训练目标。如果你没有毅力投入 20 小时，那么请你放弃。我为什么这么说呢？道理很简单，技能习得初期非常艰难。在这个时期，人们往往面临很多令人疑惑或难以预料的问题和障碍。如果你遇到了这样的麻烦，必须咬牙坚持，直到第 20 个小时结束。历尽艰辛之后，面对未来的训练亦会更加从容。

你可以把这个方法看作对意志的磨炼，不要让这些愚蠢的小麻烦成为训练过程中的绊脚石。要么迎头大胆去解决这些恼人的问题或者疑惑，要么埋头咬牙把这 20 小时坚持过去。从这一点上来讲，你最好选择坚持。因为学习初期，恼人的麻烦会越来越多，靠自身能力也不一定能解决。

八、及时反馈

"及时反馈"是指尽可能快地准确了解你在技能习得中的表现。如果长时间都没能得到反馈，那么也谈不上快速技能习得了。以奶酪制作工艺为例，鲜奶需经过数月甚至数年之久的微妙化学反应（发酵）才可以变成优质奶酪。时间花得不够，美味就无法品尝。如果你需要 6 个月才能判断出这个奶酪是否会做得香甜可口，那么这种延迟的反馈将导致你不能快速习得奶酪的制作工艺。

快速反馈有助于快速习得技能。如果反馈及时或只有一点点延迟，我们会更容易把实际操作情况和目前所获得的结果联系起来加以分析，再做出适当的调整。

"及时"反馈是最好的反馈。以计算机编程为例，当你及时对所编程序做出修改后，不一会儿，计算机就告诉你程序能否顺利运行。如果计算机还是无法运行，死机了，你可以继续修改程序，再试着运行。这就是为什么学计算机编程这样的技能会越学越上瘾。

我们还可以通过很多有效途径获取反馈。阿图·葛文德是一位经验丰富的外科医生，也是一名业余网球队员。他在《纽约客》[2]杂志上发过一篇文章，文章提到："有经验的教练和老师可以就你当前的表现做出及时反馈，并给予必要的建议。"

此外，摄影机这样的视频捕获设备也可以帮忙检查学习效果并给予及时反馈。当然还包括一些辅助工具，像计算机程序、训练器等这些设备可以在你出错的第一时间做出反馈。

总之，在技能训练中，获取快速反馈的途径越多，技能习得的速度就越快。

九、计时训练

人脑天生具备良好的学习能力，如观察、模仿和预测。然而，精确计时却是人脑办不到的。大脑无法帮你预测做一件事情需要花费的精确时间，无法精确告知你手头正在做的事已经花去多少时间。

初学一门新技能时，往往容易过分估计实际投入训练的时间。特别是当你状态不佳时，你会发现训练时间过得像蜗牛爬一样，慢慢吞吞。事实上，你实际训练的时间远没有自我感觉的时间那么长。

如何解决这个问题呢？最好的办法就是分段计时练习。买一个精准的倒计时器[3]，设置好20分钟，准备开始练习。你只需遵守一个规则：一旦计时开始，中途一定不能停下来。记住：在你练得有点泄气时，这个方法会让你更加轻松地完成更为持久的训练。

持续训练的时间越长，技能习得就越快。每天腾出时间做3~5次这样的分段计时训练，短时间内就会看到明显进步。

十、数量与速度

刚开始习得新技能时，人们往往希望做得尽善尽美，但力求完美很容易让人产生挫败感。因为我们永远都不可能做到百分之百的完美。别去设想有完美的表现，保持良好状态的同时，保证训练量和训练速度才是最应该考虑的。

大卫·贝尔斯和泰德·奥兰德在2001年合著了一本成功励志方面的书，名为《开启创作自信之旅：走在创作路上难免害怕，只有不放弃的人才能不断成长》(*Art & Fear*)。书中，他俩就"量"这个问题分享了一段趣闻：

在陶艺课新班开课的第一天，老师把班级分为两个小组，坐在教室左边的同学为第一小组，右边的为第二小组。紧接着，老师宣布评分标准。第一小组，以"量"为评分依据，即制作的陶艺作品数量越多，分数越高；第二小组以"质"为评分依据，即作品质量越好，分数越高。

整个评分过程很简单：在最后一课堂上，老师会带一个磅秤来称第一小组的陶罐子，55磅获得A，40磅获得B，然后依此类推。第二小组的同学只需要制作一个陶罐子。只要做得完美就可以获得A。

最后的结果无不让人惊奇：质量最好的陶罐子全都出自以"量"为评分标准的第一小组。这似乎让人明白一个道理：第一小组制作的量大，他们得以在无数次失败中吸取教训，不断摸索，不断总结，从而精心雕琢出一个个精美的陶艺作品。第二组重视"质量"，力求完美。他们傻坐着，满脑子想着"如何完美"，到头来除了制造出一套浮夸的理论和一堆没用的陶土，实在看不出他们到底做了多少实质性的努力。

练就一门技能必须用心，必须坚持。刚开始学习时，不要盲目追求质量，相反，必要的训练量和训练速度才是制胜法宝。练得多，练得快，才能学得快。

但是，并不是说图多、图快，不管质量了。有些技能对肢体动作有要求，这也要求你必须有良好的状态才能完成好。譬如学习绘画时，光顾着画得多、画得快，没有好的状态，即使你像美国画家杰克逊·波洛克那样一天之内随意地在 100 张画布上作画，你也画不出什么名堂来，除非你有明确的目标——画出栩栩如生的人物来。你瞧，过硬的技能实在太重要了。

要想完成既定训练目标，首先要保证良好的状态。只要做到在至少 80% ~ 90% 的训练时间内持续保持良好状态，就能加快技能习得。

以上这就是快速习得技能的 10 个方法。掌握了它们，你就可以更加高效地练习基本技能了。

快速习得技能的 10 个原则真的管用吗

这 10 个方法真的可以帮助我们快速习得技能吗？下面的研究给了我们肯定的答案。

在认知和运动技能习得的学术研究中，研究者已经注意到一个常见现象：当研究对象开始练习一项新技能时，短时间内他们的水平会大幅提高。也就是说，学习初期，稍加练习就可以从"非常慢且完全不胜任的水平"到"比较快且明显能够胜任的水平"。

这个效应，用术语表述就是"实践的幂定律"，该定律指出：对于很大范围内的学习问题，人们的反应速度随着实践次数呈幂律提高，它会反复出现。早在1926年[4]，该现象已经被技能习得研究者广泛注意，同时，在肢体技能和心理技能研究中也被多次提到。[5]一项研究甚至表明：如果技能习得理论不能为幂定律功能的学习服务，那么应立刻被丢弃。[6]

根据学术研究结果，我们绘制出"实践的幂定律"的曲线图，如图2-1所示。Y轴为反应时间，X轴为练习时间。

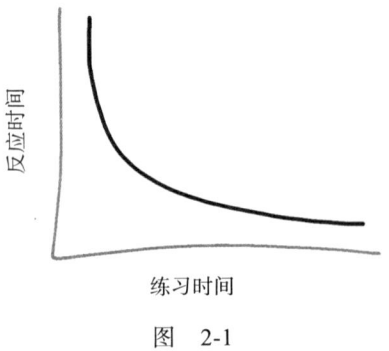

图 2-1

如图2-1所示，随着X轴练习时间的增加，曲线呈现出向下倾斜的趋势。持续练习下去，要不了多久就可以完成既定目标。

有趣的是：当你把Y轴标为"学习水平上升过程"轴，然后观察较长练习时间段内水平上升的趋势。这个趋势就是著名的"学习曲线"，如图2-2所示。

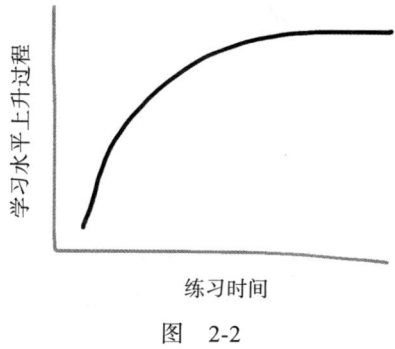

图 2-2

这条"学习曲线"表明:尽管学习初期很艰辛,但学习水平提高得很快,因为你学到了技能最重要的部分。当达到一定的技能水平之后,进步速率便开始下降,后续进步变得缓慢。

和人们的普遍观念恰恰相反,"陡直的学习曲线"并不可怕,反而值得提倡。上图很清晰地解释了为什么"陡直的学习曲线"能够说明技能习得的速度快。这条曲线越陡,你在单位时间内的学习情况越好。

把我提到的技能习得的10个方法运用其中,好好琢磨一下自己的学习曲线,可以让它走得更陡一些。这10个方法本身很容易学会,如果你掌握好了,那么技能习得前期的两个理论(认知和联想)将更易于在实践中发挥作用。

一旦开始学习新技能,技能水平会自然而然地在短时间内明显提高。别再犹豫了,赶快开展学习吧!抛开一切杂念和顾虑踏踏实实学下去。

我们常常有这样的感觉:我们在某项技能上其实没怎么练习,但似乎总觉得费了很大力气,花了好多时间。很多人立志长时间学习某项技能,希望最终熟练掌握它。但如果总是迟迟不肯开始,在犹犹豫豫中,几年光阴转瞬即逝。结果你非但没有在技能上得到一点点进步，反而在精神上和感情上耗费了大量的精力。没有目标抑或是有目标但无从下手，这两种情况同样让你在游离不定中白费精力。

这 10 个方法能帮我们避免在技能习得时耗费精力而一无所获，提醒我们究竟哪些方法才对技能习得真正有益。技能习得的前两个阶段尤为重要，在这期间，时间和精力花得越多，无用功就做得越少，技能学习就会越快。事情就是这么简单。

沉浸法

"沉浸法"并不是学习新技能的唯一途径，但它一定是最具说服力的。其他方法也可以产生相似的结果，但是需要仔细权衡。

"沉浸法"是指通过完全改变周围学习环境的方式，达到专注持久学习的目的。它是快速技能习得的一般方法，众所周知。举个例子，你想学习法语，那么你就搬去法国住上几个星期或几个月。

总的来讲，"沉浸法"很有用。一旦到了法国，只要待在那里一天，你就必须得每时每刻训练你的语言技能。刚开始可能会经历几天的挫折，接下来你慢慢适应了新环境，你的语言技能也随之快速提高。

"沉浸法"之所以有用，是因为它能让你完全应付在训练初期难熬的前几个小时：如果你能够适应全新的环境，你就会不假思索地开展训练。

当然，"沉浸法"也有它的不足之处，也就是说，你得有一个心理准备，在未来的很长一段时间里，你要把主要精力全都放在这项技能的学习上。如果你可以坦然地放下手头的活，背起行囊前往法国，那么"沉浸法"对法语学习一定是个不错的选择。

然而不幸的是，在现实生活中，绝大部分人都有自己必须承担的责任，比如照顾家庭、工作、还贷款等，这些是无法回避的。这样一来，"沉浸法"的实施会变得异常困难，甚至无法实施。

最坏的情况是，"沉浸"这个理念变成了障碍：如果你一直为等待有机会去"沉浸"一下而迟迟不肯学习新技能，那么你会浪费很多宝贵时光。

重拾旧技能

值得注意的是，这 10 个方法同样适用于重新学习某项技能。你也完全可能在从未有过的短时间内重拾旧技能。上高中时我很刻苦地学过小号，吹得也像模像样，可惜上大学后就再没碰过。如果我想现在把小号拿出来再吹吹，应该练不了多久就会了。因为我之前已经掌握了小号的基本技能，所以我现在只需要注意几点：吹奏要领（对着吹口吹时要注意控制双唇肌肉）、读乐谱、回忆指法、复习基本乐理知识（打拍子、节奏、力度变化以及声调）。如果能腾出时间，清除练习障碍，计时训练，那么只需几个小时，我就能重新习得技能了。

良好的开端是成功的一半

"有的时候你想放弃吉他，你恨吉他。但是如果你坚持下去，你终将有所回报。"

——吉米·亨德里克斯，著名电吉他演奏家

习得技能时，或多或少要用到 10 个方法当中的某几个方法。并不是说这 10 个方法完全适用于任何一门技能的习得，你可以把这 10 个方法当作一个备忘录，当你学习新技能时，浏览一下里面的相关内容，针对不同的技能选择合适的方法。

最后，我们再一起来复习一下这个备忘录里的快速习得技能的 10 个方法：

1. 选择方向；
2. 集中精力；
3. 制定目标；
4. 分解技能；
5. 获得工具；
6. 扫除障碍；
7. 腾出时间；
8. 及时反馈；
9. 计时训练；
10. 数量速度。

就是这些。如果你把这 10 个方法应用到正在学习的技能中，学习效果会更棒，学习速度会更快。正如之前我提到的那样，学习这 10 个方法绝不是一件难于上青天的事。事实上，它们不过是为学好技能准备的一套普通方法而已。

接下来，让我们一起探讨一下如何开展初期研究，如何学习才能让技能习得变得更有效。

第三章 有效学习的10个方法

"没有哪一个难题承受得住坚持不懈的思考。"
——伏尔泰

在第一章里我们讨论了技能学习和技能习得的区别。然而,这并不意味着技能学习就不重要了。如果在实践前,你不懂得对该项技能做上一点小功课,那么不管你的意志有多么坚韧,也会导致时间和精力的浪费。

技能学习让技能实践更有效。通过学习,你会更加理解为什么要多花时间在关键技能训练上。基于这点认识,我们总结出有效学习的10个方法:

1. 收集信息；
2. 克服困难；
3. 关联类比；
4. 逆向思维；
5. 咨询交流；
6. 排除干扰；
7. 间隔重复；
8. 创建定式；
9. 预期测试；
10. 尊重生理。

一、收集信息

实践前，查阅一下和这门技能相关的信息是十分必要的。例如，花20分钟的时间上上网、去书店或者去住所附近的图书馆找找相关参考书和资料。总之，你应该想方设法地找到关于这门技能的参考书（至少三本）、教学 DVD、教学课本或者别的学习资料。

你千万不要花数小时去记住所有参考资料上的内容，除非你想疯掉。"读书"是一回事，"练习"又是另外一回事了，读书的时间是不能算在练习时间里的。在这里，查阅资料的目的不是为了应付考试，而是为了尽可能快地了解重要的基础技能、关键步骤以及必要的学习工具。因为提前知道的信息越多，准备就越充分。提前花时间快速、全面地收集信息，有助于了解后期技能实践的整个流程。为了快速习得技能，你最好不要用"精读"的方式了解信息，"泛泛而读"即可。如果某一概念或某一学习工具被不同的参考书反复提及，那么请你留意并在实践前做好相应准备。

举个例子，如果想亲自烤出美味的羊角面包，出门买几本烘焙和面点制作方面的参考书跟着做就行。目前，面包的制作工艺和流程已经趋于成熟，因为大师们已反复实践了数年之久。阅读参考书时，如果你发现好几本书都不止一次地介绍了同一个制作工艺和流程，那么请留意这个最有价值的信息。你可以立即按书上说的在自家厨房里小试一把，效果一定不会差。这样做的好处是可以省去很多"摸着石头过河"的麻烦。

二、克服困难

在早期研究中，参考资料里有很多让人疑惑不解的地方，有的是概念，有的是方法，有的是理念。通常情况下，你很清楚它们的重要性，可是你始终无法理解它们的意思。既无法理解为什么要这么说，也无法理解为什么要这么做。别紧张，有困惑很正常。关键在于你能否将之解决？从这个角度讲，有困惑也是一件好事，考验你解决问题的能力。

尽管我们会面临随之而来的一大堆困惑，但是对技能进行初期研究的确是发现重要基本技能和理念的有效途径之一。当你真正开始实践这个技能了，我想你会把这些恼人的谜团一一解开的。

斯蒂芬·克拉申，美国第二语言学研究专家，在第一章中我们提到过他。他把这种现象称为"可理解性输入"。之所以有疑惑，是因为获得的新信息是从未了解过或经历过的。但是在反复的技能实践中，我们可以慢慢体会，慢慢理解。

印度著名瑜伽大师德斯卡查尔曾说过："困惑本身就是一种馈赠。"意识到自己有困惑是很好的，你可以清晰地判断出让你产生困惑的地方。接下来，有目的地对此处做相应的研究，直至问题解决。

如果初期研究都已过半，你仍无任何疑虑，那么你肯定学不快。相反，如果一开始你对走的每一步感到恐惧和彷徨，那么很好，这说明你已经上了正轨。举个例子，假如你正处理一个有趣的问题或运作一个非常吸引人的项目，那么初期发现的困惑越多，压力就越大，学得就越快，因为你不得不想办法尽快拨云见日。

不愿克服困难是影响技能习得快慢的主要因素。愚蠢的感觉的确不好受，不过请你随时提醒自己：随着技能实践的不断深入，你会慢慢解决这些疑惑，最终理解这门技能。

三、关联类比

随着研究开始，你会很自然地注意到一些模式，即不断出现的理论和方法。

我们把这些模式称为"心智模式"，它们很重要。心智模式是学习中最基本的单位，它是指理解和认知存在于这个世界上的事物或联系的方法和习惯。一旦找准心智模式，我们就更容易预测下一步要发生什么。心智模式也可以帮助我们更轻松地与人分享自己的感受和经历。

举个例子，我最近正在帮父亲创建一个网站，我一边工作一边试着给父亲讲我是怎么建的。我才开口解释，就遇到了难题。我一个劲儿地用"服务器"这个词，父亲却完全不懂我在说什么。假如我父亲知道服务器相当于一个特别的计算机，它可以把网页传送到发出请求信号的一方，同时，服务器也有别于一般的普通机器，那么他会很容易明白我的意思。在这个例子里，"服务器"就是一个心智模式，如果你熟悉这个术语，那么就能理解发布网站是怎么一回事。

同时，你会注意到有些新事物好像是你所熟悉的。我们把这样的事物叫作"心智勾连",就是通过类比和比喻去理解新概念。就网络服务器而言,它如同一个图书管理员。当你去图书馆借书时,图书管理员会在塞满成百上千本书的书架上帮你找到你想要的那一本。一旦找到了,他会给你拿过来。如果没有这本书,他会告诉你:"我这儿没有你要的书。"网络服务器和图书管理员的工作方式是一样的。当你发出浏览网页的请求时,服务器靠着记忆帮你搜索网页。如果找到了,它就传送给你。如果没找到,就给你一个回复:"错误404:网页无法找到。"瞧,如果我们把服务器看作计算机信息管理员,我们就更容易理解它的工作原理。

在早期研究阶段,你找到的心智模式和心智勾连越多,就越容易在技能训练中获益。

四、逆向思维

学习新技能前,别去幻想你会学得多么完美。多设想一下最坏的结局吧!我们把这样的思维方式叫作"违反直觉的思维方式",它有助于我们深入了解新技能。

"要是学不会怎么办?""要是彻底失败怎么办?"多让自己思考类似的问题。这种解决问题的方法叫作"逆向思维法"。这个方法能够让我们学到几乎任何技能的要旨。如果你多研究一下最坏的结局,你会快速找到原本不太容易被注意的学习要点。

假如此时你正在宽广的河面上划着皮艇,在激流中勇进,周围礁石林立,急弯险滩,遇到这样的状况你会怎么办呢?

我们可以试试"逆向思维法"——设想一些处处碰壁的情况:

- 独木舟翻了个底朝天,没法重新让它浮起来;
- 独木舟进水,正下沉或被淹没,严重损毁;

- 船桨掉了，独木舟失控；
- 你的头撞到石头上；
- 整个人掉到河里并且卷入漩涡，无法脱身。

要是我在水势凶猛的急流中遭遇如此险情，肯定一命呜呼了，这无疑是最悲惨的结局。这样的结局虽然令人沮丧，但如果我们提前考虑到这些不利因素，就很有可能化险为夷，因为在思考这些问题的同时，我们正学习着划皮艇的要点：

- 如果船身翻转，一定要在划桨时保持左右平衡且船体正面朝上，人才不会掉到水里。
- 如果人掉进水里，一定不要把船体拉沉。
- 一定要抓牢船桨，这样才不会掉进汹涌的河里。
- 遇到大礁石，采取必要的安全防范措施。
- 提前巡查河面情况，完全避开危险河段。

此外，为了安全起见，我还得提前准备好救生衣、头盔等安全装备。这样一来，我已经完全清楚学习划独木舟的要领，也懂得该如何保护自己。

预先设想最坏的结局，一来保证了安全，二来也玩得尽兴。瞧，"逆向思维法"管用吧！

五、咨询交流

如果我们提早对新技能有一定的了解，我们就会设置合理的期待，也就是说，对于一个初学者来说，什么样的表现是真正合理的呢？

初学技能时，我们往往容易低估完成这项技能的难度和复杂性。尤其是那些耳熟能详的技能，其要领很容易被忽视。举个例子来说吧，很多人为了追逐"摇滚梦"开始学习电吉他，学着学着却发现成为摇滚巨星并不是一件容易的事。因为，在台上你只有吉他弹得好还不够，还得唱得好，还得秀出"摇滚范儿"。这里面似乎很复杂，已经涉及除了"弹"以外的"唱"和"秀"两项技能的学习了。

因此，在投入时间和精力学习新技能前，有必要和内行聊一聊。这样我们可以提前预知技能训练的每个阶段会遇到的情况，从而消除对技能学习的疑虑和误解，使我们在技能训练的过程中不但不会灰心丧气，反而会更有兴趣坚持下去。

六、排除干扰

干扰是影响快速习得技能的最大因素。一旦产生干扰，我们就无法集中精力学习，技能习得的速度也会随之下降，甚至停滞。因此在技能练习前，我们要尽可能地预见可能存在的干扰因素，试着减少或消除它们。

电子干扰和生物干扰是两个最大的干扰源。家里的电视、手机和网络属于电子干扰因素。面临这样的干扰，我们应该关掉开关、拔掉电源、关闭网络，或者把它们统统搬走，除非它们对技能练习非常有帮助。家人、同事和宠物属于生物干扰因素。我们不能把一个人"关掉"，但是可以提前告知他们——我们在单独练习技能时不希望被打扰。我想会得到他们的尊重的。

干扰因素越少，技能习得就越有效。

七、间隔重复

多数技能习得对记忆力有一定要求。在训练时，如果想好好运用一下曾经学过的知识，你必须得在很短的时间内回忆起相关内容。

要是你的记忆力不够好怎么办呢？每次学完新东西，如果短期内不复习，十有八九会忘记。"间隔重复"这个方法有助于大脑将所学知识进行巩固并长时储存。

研究表明，人的记忆力遵循一个"衰减曲线"规律，即知识学得越久，我们越不容易经常复习巩固。因此，新学的知识需要定期巩固，这样才能长期储存在我们清晰的记忆中。

"间隔重复"是一个很好的记忆方法，它可以帮助我们定期且系统地回顾所获取的知识和信息。对于那些记忆起来有难度的信息，我们更要经常复习，而对于那些记忆起来相对简单的旧知识，我们不必经常复习。

Anki[1]、SuperMemo[2]、Smartr[3]这三款记忆软件程序都轻松实现了间隔重复、加强记忆的功能。它们需要你建立自己的复习模块，其中的"间隔重复系统"通过这个带有复习功能的记忆模块起作用。这样一来，一边建模块，一边回忆技能的分解动作，不是一举两得吗？

一旦创建好自己的记忆模块后，你每天只需花几分钟的时间就能完成复习任务。这个系统细化复习过程，追踪记忆痕迹，用最短的时间学习新概念、新方法、新步骤。如果你始终坚持复习最有难度的部分，那么你会非常快地记住必要信息。

重要的是，技能学习远比学术学习复杂。如果你背概念、记单词是为了通过语言考试，我想"间隔重复"对这样的学术学习用处不会太大。[4]但如果你背单词是为了掌握一门语言技能，那么"间隔重复"这个方法就很有用，因为它最适合快速回忆信息。如果你学的东西并不是特别需要你在短期内进行回顾，那么最好别用记忆软件，还是多花时间反复训练，慢工出细活吧。

八、创建定式

　　大多数技能学习都有一套固定的模式：确定项目、着手准备、坚持学习等。建立一套简单的定式可以让我们比较轻松地了解其中的关键环节。

　　罗列清单方便我们记住学习要点，使技能训练的流程更加系统化，以便我们把精力投入到关键环节上。创建定式确保每次训练都有一套固定的模式。下面让我们想想篮球比赛中运动员遇到罚球时，有没有一套固定的模式呢？我们可以看到他们接下来的动作：双手在短裤上擦一擦，双肩放松，接住裁判的球，拍三下，停顿三秒，投篮。看，这就是他们创建的罚球定式。

　　由此可见，创建定式和罗列清单可以帮我们预见训练流程，而后进行内心演练。这个方法对于肢体训练是非常有效的。

九、预期测试

　　部分技能习得涉及一些实验，即预知新的想法在实践中是否行之有效。

　　预期测试是指依靠已知经验，在尝试实践前假设接下来会发生的变化或者产生的结果。如果你养成了预期测试的习惯，那么你学技能会更高效。科学地讲，预期测试结果随着以下四个因素的变化而变化。

- 观察——你最近在关注什么？
- 经历——你对这个领域了解多少？
- 假设——怎样做会才会更进一步？
- 测试——下一步你有什么新尝试？

我建议用一个笔记本或者其他的工具记录你在训练中做出的假设。如果你不断思考这些假设，并且形成新的想法，那么你的实验成果会更加丰硕。

十、尊重生理

我们的大脑和身体都处在各自的生理系统中，因此，它们都有生理需求，比如食物、水、锻炼、休息、睡眠。我们不能把自己逼得太紧，这样会适得其反。因为大脑和身体在没有足够能量储备的情况下是不可能高效运转的。

作者托尼·施瓦兹在《怎样全神贯注地生活》（2004）（*The Power of Full Engagement*）和《在任何方面都是优秀的》（2011）（*Be Excellent at Anything*）这两本书中提醒人们：最佳学习周期是90分钟左右，在这个周期内，人的精力是最集中的。大脑和身体都需要一个自然的休息。因此，我们要瞄准时机锻炼、休息、吃饭、享用零食、打盹儿或做别的事情。

我们完全可以计时练习。提前设定好60～90分钟的练习时间，这样你就不会忘记什么时候该休息。同样，你也可以把练习分为几段进行，中间穿插短暂的休息，比如每练习20分钟，休息10分钟；然后，再练习20分钟；接着又休息10分钟。

运筹帷幄

"世上没什么规律可循，我们是为了努力干成什么来的。"

——发明家，托马斯·爱迪生

我们不是每一次学习技能时都必须用到这 10 个方法,但我们必须承认,其中的一些方法的确非常适用于某些技能。这 10 个方法好似一个锦囊,一旦开始学习技能,我们便将之打开进行对照,看看哪些方法可以为我们所用。

让我们再次回顾一下能够帮助我们有效学习的 10 个方法:

1. 收集信息;
2. 克服困难;
3. 关联类比;
4. 逆向思维;
5. 咨询交流;
6. 排除干扰;
7. 间隔重复;
8. 创建定式;
9. 预期测试;
10. 尊重生理。

把这些方法用到你目前学习的技能中,你就明白你应该怎么做才能学得又快又好。

实践出真知

"未起身生活,却坐而写作者,徒劳耳。"

——亨利·戴维·梭罗

学习足够的理论知识后,我们才可以开始实践。

虽然我们目前已经了解了快速技能习得的基本理论知识,但是如何付诸实践远远比"知道"更重要。记住:若无实践,何来习得?

我不想接二连三地重复快速习得技能的理论,相反,我想实实在在地告诉你到底应该怎么做。接下来,我要把这些有用的方法运用到以下几个技能中,请你拭目以待。

- 瑜伽:尝试室内姿势。
- 编程:创建可正常运行的网络应用程序。
- 触摸打字:在非标准键盘上进行盲打。
- 棋类游戏:学习围棋——世界上最古老、最复杂的棋类游戏。
- 乐器:学习演奏尤克里里。
- 帆板冲浪:在平静的水面上航行并做出机动动作。

这几个项目是我从来没有接触过的,我希望通过运用之前提到的技巧和方法,在30天以内就学会它们。每项技能大概总共20小时就学会,每天用60～90分钟练习。

关于这些技能

这几项技能各具特色,在众多的技能中我对它们偏爱有加。究其原因,且听我稍后慢慢道来。虽然技能各不相同,但掌握它们的方法却如出一辙。

我希望把这些有用的方法教给大家,以便你们日后在学习自己感兴趣的技能时可以成功应付。当然,如果在我列出的这些技能中,你仅仅对一两个技能有兴趣,那也没关系。你最好把接下来的几个章节大致浏览一下,如果发现某一章节不合你的胃口或完全不适合你目前的状况，那么你完全可以跳过它们，不必担心错过我在这些章节里提到的方法。因为，当我讲解每个技能时，我都使用同一个方法。

在接下来的几章里，我会引导你如何学习技能，这样的讲解是假设你在毫无经验的情况下进行的，因此你不用提前去了解这几个技能。我非常希望你们在看完这几个章节以后，除了掌握这六个有意思的技能外，还可以在实践中去验证我提到的方法。

如果你对其中的某个技能特别在行，那么很有可能你会发现我的理解有一些偏差，我的讲解有一些错误，甚至不认同我的方法，这些都没关系。因为"我仅仅是一个初学者，我并不清楚接下来到底会发生什么"。

在讲方法的同时，我会极力确保这本书中所有信息的准确性和完整性，但我无法避免出些小错。

其实，不管是技能研究还是技能实践，方法始终是最重要的。

第四章

瑜伽

学习心得:别把事情搞得太复杂

"练习瑜伽时,我不靠肢体弯曲或是扭转的程度来判断我是否学习进展良好,而是靠我自己爱妻子和孩子们的程度去判断。"

——德斯卡查尔,著名瑜伽大师

> 关于本章的补充图像、视频和评论,请访问 http://first20hours.com/yoga.

时间一天天过去,年纪也一天天变大。虽然我相对来说还不算老,但是我却刚刚开始关注自己的身体。每天早上起床,我总感觉背部隐隐作痛。长时间在电脑前工作使我的颈肩常常酸痛难忍。这滋味还真不好受。

我至今都没怎么在意身体发出的这些不良信号。随它吧,我还动得了。高中毕业后,我几乎很少锻炼身体，印象中也就参加过几次有组织的体育活动。大学开始，我的身体就只有一个用途——运输工具，每天负责把我这聪明的脑袋从一个教室带到另一个教室。从毕业到现在，我再没有发现身体的第二个用途。然而，多年不锻炼身体终究让我尝到恶果，关节老是咔咔作响。

"你应该好好认识一下瑜伽……"

我太太凯尔西自大学起学瑜伽。几乎每天有一两个小时泡在当地的瑜伽馆里，在温暖而舒适的训练场地练习不同的瑜伽姿势。她非常热爱这项运动，每次回家，脸上挂着轻松和幸福。凯尔西每周会对我说："你真的应该试试瑜伽。你不知道它有多棒，你真的会爱上它的。"

我很犹豫。对我来说，瑜伽并不适合我。

瑜伽不同于伸展运动。高中时，我接受过田径项目的训练，拉伸对我来说没有太大问题。我最喜欢的是110米跨栏，它可以极大程度地考验肢体的柔韧度。[1] 由于当年练习跨栏时涉及很多拉伸训练，我的肢体灵活性还算不错，尤其是腿筋的拉伸得到非常充分的锻炼。直至现在，10多年过去了，我不弯曲膝盖，就能做到手脚着地将身体平直撑起。

坦白讲，我之所以不学瑜伽是因为它是一项很怪异的运动！

"气轮、灵气、昆达利尼静心"，我真受不了

"露露柠檬"[2] 是全世界最赚钱的高端瑜伽服饰零售商之一，它推出了一个宣传瑜伽的视频节目《习瑜伽者说》[3]，里面充斥着

大量夸大其词的内容，这节目对外行来说显得太缺少诚意了。举几个典型的例子给你看看：

> "我很担心你的灵气。"
> "这个用梵语怎么说来着？"
> "我的气轮是如此均衡。"
> "想看看我能把腿放在哪儿吗？"

这个视频节目自从 2011 年 12 月开播以来，在短短一段时间内 YouTube 的点击量已超过 200 万，真是令人咋舌啊。

我是一个理性、接地气的人。我更愿意相信定期做拉伸训练对身体有好处，去学习一套拉伸动作非常有必要。然而，整天鼓吹"灵气、气轮和神秘精神信仰"的瑜伽却让人大倒胃口。我完全不明白这和锻炼身体到底有什么关系。说实话，这种"嬉皮士神秘主义"让瑜伽变得像是一种精神崇拜，显得极其怪异。

此外，围绕瑜伽的健身行业和服饰行业可产生高达 80 亿美元的经济效益。练瑜伽在美国如今已经发展成为一种生活方式，甚至是一种身份的象征，你可以像炫耀你手上的最新款 LV 手袋那样去炫耀你学会了瑜伽。

最后，我想说的是："啊哈，我想我的'气轮'运行得十分良好，拜托别让我学瑜伽。"

"面部放松"

最终，凯尔西说服我许下一个新年愿望——学习瑜伽。因为我平时在家里工作，所以她希望我可以"学瑜伽，走出去，交朋友"。虽然我一直对此表示怀疑，但这次我勉强听凯尔西的，迁就迁就她。

我们在"菩尔瑜伽中心"办了会员卡,这是纽约上东区新开的一家高档瑜伽中心。在这里,绝大部分课程都由马尔科·罗哈斯教练亲自教授。他是凯尔西最喜欢的教练,也算得上纽约市最顶级的瑜伽教练之一。

初见马尔科,我脑子里立马浮现出一个穿着瑜伽服、年轻瘦小版的安东尼奥·班德拉斯(好莱坞影星)。他如此潇洒英俊、魅力十足,说话带着一点西班牙口音,声音也是那么富有磁性。只要是马尔科的课,教室里总是座无虚席,究其原因:第一,他的教学好得没话说;第二,在纽约市,有九成的瑜伽学员都对他爱慕不已。

作为瑜伽新手,我一开始就使出吃奶的劲儿按照马尔科教练的话去做,但是我完全不明白教练嘴里说的每一个姿势。于是只好模仿周围学员的动作,他们怎么做我就怎么做。我得特别用心才能跟得上。很多姿势对我来说太难了,我完全无法坚持。其中有些动作简直不在我的能力范围之内,比如头手倒立。我故意站在最后一排,一来可以跟着前面的人做,二来以防不慎摔倒误伤他人。不得不承认,这样的糗事已经发生在我身上很多次了。

尽管我非常喜欢马尔科的课,但我实在不能领会他的意图,学不好他教的动作。马尔科会不时地走到我的垫子旁指导我,帮我纠正姿势。有一次给我印象特别深,他用双脚紧紧夹住我的脚,这样我的脚很容易就与地面垂直了,然后他又抓住我的手用力拉伸,非常疼。

"夹紧股四头肌……臀部从后向前做圆周运动。很好,现在……面部放松。"我做了个鬼脸活动面部。手腕慢慢碰到了脚趾,这下面部彻底放松了。

"居士"的窘境

虽然很喜欢马尔科的瑜伽课,但是对我来说,要腾出足够的时间练习的确很难。每节课有一个半小时,还不包括在路上、换衣服、冲凉、回家的时间。

尽管瑜伽中心离我家只有几个街区,但前后也得花掉我两个小时的时间。我效力于一家"500强"公司,做着劳神费力的工作。长期在家办公,我俨然已经成为一个"居士"。开会时间和上瑜伽课的时间发生冲突,这样的事情时有发生。即使将练习瑜伽的时间安排到上午和下午之间也无济于事,因为这意味着我必须丢掉手头工作出门上课。总的来讲,我的工作安排是比较灵活的,之所以腾不出时间上课是因为我不想去腾时间,这是一个心理问题:说服自己放下手里的工作出门上课对我来说绝非易事。

到头来,那一年我大概只去上了15次瑜伽课。其实,每次练完瑜伽我的感觉都非常好,但我一直无法抽出固定的时间练习。即使把垫子铺在家里的地板上,我也没办法练瑜伽,因为我还没学会那些复杂的动作。如果在教室里,我可以边看边学。所以对我来说,在家是练不好瑜伽的。

当学生准备好,老师就会出现

后来我们搬家了,去了科罗拉多州。有一天晚上,凯尔西对我说她很怀念纽约,怀念马尔科教练的瑜伽课,也怀念莱斯利·卡米诺夫的《瑜伽解剖学课》(这是凯尔西获得瑜伽教练证后报的课程)。莱斯利·卡米诺夫是美国著名的解剖学、调息和人体运动专家,著有《瑜伽解剖学》(*Yoga Anatomy*)一书,非常畅销。

几乎所有的瑜伽教练培训班都用这本书当教材。很遗憾,我们离开了纽约,凯尔西不得不放弃莱斯利老师的课程。

凯尔西说:"应该把莱斯利老师的课程放在网上。"

讽刺的是,几周前,凯尔西倒是把我的瑜伽视频放到了网上,这完全是她一手炮制的。凯尔西非常熟悉莱斯利老师的课程,这课只有家住纽约的人才可以上。但是全世界的学员都想亲临莱斯利的课堂,如果把老师的课程制作成视频放到网上,不是非常有意义吗?

凯尔西对于制作视频课程非常有信心,但这必须得到莱斯利老师的允许。那天晚上,凯尔西把这个想法告诉了老师。两天后,老师同意了,他非常支持凯尔西这样做。于是我的太太凯尔西开始第一次创业——成立了"瑜伽视频课程在线服务公司"。

观看每节课的原始录影,在细节上做好记录,然后用软件编辑,制作字幕,这就是凯尔西在家里制作视频课程的整个过程。因为我俩都在家里工作,突然间我学到很多瑜伽知识。随着凯尔西每天在一旁播放莱斯利老师的课堂录影,慢慢地我也快成他的"学生"了。

这一刻,我想正儿八经练瑜伽

莱斯利老师讲课的腔调特别对我的胃口,他没有那么多嬉皮士调调儿,也不讲那些无聊的术语,这让我对瑜伽又多了几分兴趣。不仅如此,他在解剖学、生理学、运动医学领域有长达30年的实践经验。

莱斯利老师认为瑜伽是一项非常有价值的运动,因为它可以让人在很多方面受益。实践表明，瑜伽有强身健体、提高柔韧性以及维持关节活动度的作用。在呼吸调节上，瑜伽也非常有效果。大多数人认为瑜伽是一套非常奇怪的组合，涉及有氧运动、体操运动和扭体运动。其实这说得不够完整，瑜伽其实是集调身的体位法、调息的呼吸法和调心的冥想法为一体。

莱斯利老师解释了瑜伽专业术语为什么听上去如此怪异的原因。起初，习瑜伽者主要为了锻炼自己的身心。当时还没有诞生像解剖学、生物学、认知心理学这样的现代学科，练瑜伽可以说是一种对科学的早期探索。早期的习瑜伽者发现无法解释但却很有意思的现象时，他们往往只能到听过的传说或寓言中去寻找答案。举个例子来说，他们在练习中发现一些特别的瑜伽姿势和呼吸方式可以让人产生某种情绪，于是他们就在传说或者寓言中去找解释，这是他们认为最好的方式。这样的"解释"慢慢就成了瑜伽术语的雏形。"气轮"就是其中一个，科学地讲，在人类的肠子、骶骨、太阳穴神经丛、心脏、咽喉、额头和头顶内部根本不存在隐藏着的巨大能量。然而，当时科学尚不发达，人们只能借助寓言故事解释自己的亲身经历。这些传说和寓言似乎很有用，一直流传至今。

莱斯利老师在 YouTube 上的一堂课让我开始喜欢上了瑜伽。视频中有一段讲的是人体解剖学家吉尔·赫德利[4]正在一帮学生面前做人体解剖教学演示。[5]他特别强调包裹肌肉的那层纤维组织——肌筋膜。同韧带和筋腱一样，筋膜属于结缔组织，它把我们的身体牢牢地连成一个整体。筋膜将肌群包裹住，以便肌肉可以很轻松地相互滑动。

然而，不太妙的是，如果筋膜动不了了，那么筋膜内部会慢慢长出毛茸茸、呈丝状分布的结缔组织，就像棉花糖那样。通常情况下，这也不是什么大不了的事。但这些丝状物在肌肉相互滑动的过程中很容易断裂，因为它们很薄。也就是说，即使运动不剧烈，也很有可能遇到麻烦。

如果长期不活动肌肉，结缔组织的丝状物非但不会消失，随着时间的推移它们反而会变厚、变密，并且联结在一起，最终导致人的关节无法正常活动。

我深知自己缺乏运动，所以这段视频对我触动特别大。一直以来，我身上老是发出咔咔的响声，这难道是在暗示我的肌肉里面已经布满这些可怕的丝状物了吗？也许真是这样。

当然，可能另有原因。莱斯利老师说过，背部和颈部疼痛也有可能是肌肉缺氧、供血不足造成的。缺乏运动、没有充足的血液流向肌肉，这将导致肌肉缺氧，此时，疼痛受体开始发热，身体出现持续隐痛。持续的时间越久，痛感就越强。

压力大和呼吸抑制也会造成供血不足，这两个因素联系紧密。人们面临压力时，他们会很自然地屏住呼吸。如果多做运动、调节好呼吸、减缓压力，那么肌肉就有更多的氧，疼痛会立刻消失。[6]

不管怎样，经常运动、摄取更多的氧气对于减缓疼痛、维持关节活动十分有帮助。瑜伽涉及运动、呼吸和冥想，所以在减缓和消除疼痛方面有显著效果。

我想我有足够的理由要学习瑜伽。

现在，我该如何开始呢？

到底什么是"瑜伽"

练习瑜伽前，我们应该对瑜伽有一个基本的了解。如果瑜伽仅仅只有一些"伸展"动作，那么人们叫它"伸展"不就得了，为何还取名叫"瑜伽"？

其实，想了解瑜伽的精髓我们还得从瑜伽的起源说起，它从哪里来？因何得名？[7]

瑜伽以不同的形式已经存在了几千年之久。考古学家在印度河流域（今巴基斯坦和印度西北一带）的河谷挖掘出了石印（时间大概在公元前3300年至公元前1300年），石印描述的是练习瑜伽体位的图像。这是首个证实瑜伽存在的证据。

瑜伽本身并非宗教，它是一门富含哲学的传统学问，是一种身心的实践。当然，它与该地区的宗教和哲学传统有着紧密联系。古时的吠陀祭司创造并完善了一套复杂的肢体仪式，目的是为了能够从物质世界通往神灵世界，找到梵天（创造宇宙之神）。"瑜伽（yoga）"一词来源于古印度梵文词根 yoke，本意"牛轭"，指穿过牛鼻子，套在牛身上的绳具，意指"一起连结、合一"。这与祭司当时试图将精神世界与物质世界"连结"的意义相同。

随着时间的推移，吠陀传统仪式渐渐式微。祭司们转而开始探索"个体的灵"，即人类自我至高的精神法则。人们把注意力由向外的肢体仪式转移到向内的冥想自省上。精神修炼者开始放弃物质世界及繁琐的仪式，为了探寻根本真理，他们漫步森林，冥想自省，忍受清贫，禁欲苦行。

亚给雅瓦尔佳是生活在奥义书时代的一位哲人，他认为自我意识会阻碍我们认识真实的自己。如果抛弃自我意识，则可以和自己的灵魂融合在一起。亚给雅瓦尔佳还提出"因果报应"，这个说法使得"自我"得到解脱。只有将肉体与灵魂分离，人们才可能"觉知真我"，即后来佛陀所说的"觉悟"。

古典瑜伽体位

亚给雅瓦尔佳独到的哲学见解促进了古典瑜伽体位练习法的发展，即集呼吸控制和冥想为一体的瑜伽体位练习法。这个方法被当代瑜伽修习者认为是瑜伽练习中最核心的要领。凯伦·阿姆斯特朗擅长宗教及历史领域的研究，她在《轴心时代》(The Great Transformation)[8]一书中曾经说过：

> "瑜伽是印度最伟大的成就之一，瑜伽修行者最早练习瑜伽是为了把真我从大自然的束缚中拯救出来。古典瑜伽与目前西方流行的瑜伽有很大差异。起初，它并非有氧运动，也不会帮助人们对生命产生更美好的感受。与此相反，古典瑜伽旨在对自我意识进行系统地摧毁，瑜伽修习者在很长一段时间内必须遵守严苛的生活法则，在错误和错觉中放弃正常的意识，最终用'真我'（这是最令他们欣喜若狂的发现）来代替自我意识。"

起初，修习瑜伽是一件不得空闲的苦差事，"半吊子"和懦夫根本练不下来。它需要艰苦严苛的精神修行，只有修道士和大师才能真正练好它。古典瑜伽不是为了强身健体，而是为了切断肉体和灵魂的联系。听上去够呛。

《瑜伽经》的编纂

大约在公元前2世纪，印度大圣哲帕坦伽利开始整理和汇编当时最经典的瑜伽思想和瑜伽实践，并创作了《瑜伽经》，该书赋予了瑜伽所有理论和知识，形成完整的理论体系和实践系统。

帕坦伽利开创了一个整体的瑜伽体系（胜王瑜伽），被尊为瑜伽之祖。

帕坦伽利在《瑜伽经》中记载了八支行法。

1. 制戒：是指外在控制，宇宙的道德戒律。
2. 遵行：是指内在控制，通过自律进行自我净化。
3. 体位：是指瑜伽姿势，也称调身。
4. 呼吸控制：是指有节律地呼吸，控制呼气，也称调息。
5. 制感：精神从感觉和外部事物的奴役中解脱出来，是指感觉消失，控制内心，也称调心。
6. 专注：集中注意，一心一意。
7. 冥想：静坐冥想。
8. 三摩地：由冥想而来的超意识全部集中到灵魂中，和宇宙合二为一。

若非常勤奋地练习完这八支行法，修习者便会"开悟"：瑜伽修习者的灵魂完全从物质世界中解脱出来，获得永恒的快乐。

大多数人听到"瑜伽"二字便会在脑海里浮现出同一画面——"弯曲身体，摆出各种奇怪的姿势"，我们把这些姿势称为"体位"。体位要求特定的呼吸技巧，需要控制呼吸，即调息。这是在为冥想做准备。

帕坦伽利的瑜伽体系把瑜伽视为一门哲学，而非一项运动。体位几乎也局限于静坐，这与现代瑜伽修习者所熟悉的那些身体扭曲体位大相径庭。

但这并不是说，在那个时候没有训练肌体的瑜伽姿势。出现在亚给雅瓦尔佳时期的哈达瑜伽就要求锻炼肌体力量，只是它不强调竞技性。

斯瓦特玛拉摩是生活在 15 世纪的一位印度圣者，他撰写的《哈达瑜伽之光》是众多哈达瑜伽经典中最完整、最系统、古老与现代相结合的独特著作。斯瓦特玛拉摩认为，哈达瑜伽是通往帕坦伽利的胜王瑜伽的极佳途径。在练习中净化身体、控制呼吸、倒立时均匀吸气，斯瓦特玛拉摩相信哈达瑜伽的修习者能够达到更高的精神境界。

然而，哈达瑜伽早期的形式并没有真正流行，剧烈的肢体动作使之成为胜王瑜伽的一个非常模糊的分支。直到 400 年后，一个来自印度迈索尔的人彻底改变了它。

现代瑜伽的创始人

克里希那玛查雅生于 1888 年，父亲是位非常有名的婆罗门祭司。[9] 五岁时，父亲便开始把哈达瑜伽的知识传授给他，并且非常严格地教他练习。1919 年，他去了凯拉许山，师从布拉哈马查里。当时在世的哈达瑜伽大师并不多，布拉哈马查里是其中一位。克里希那玛查雅在七年半的时间内跟随大师研习帕坦伽利的《瑜伽经》，修习体式。同时，他也掌握了很多令人叹服的特殊能力，比如长时间内放慢呼吸，身体脉搏渐渐放慢，甚至停止。克里希那玛查雅的瑜伽技艺在后来产生了绝好的效果，于是他便在众人面前表演瑜伽，以便宣传和弘扬哈达瑜伽。

师父的安排

在印度，师徒关系由来已久。徒弟求学完成后要回报师父的教导之恩，人们把这种"回报"称为"师父的礼物"。通常情况下，徒弟会给师父学费或者生活用品，但有的时候师父不要礼物，反而会安排学生完成特殊任务。克里希那玛查雅求学完毕后，他的师父布拉哈马查里给他的任务很简单：离开凯拉许山，回到家乡，娶妻生子，用毕生的精力将瑜伽传播给寻常百姓。

布拉哈马查里的安排令人震惊。因为在当时，克里希那玛查雅已经被任命担任宗教和教育上的要职。他的曾祖父是印度南部的主要宗教领袖，因此他被寄予厚望成为曾祖父的接班人。很明显，大好前程等待着克里希那玛查雅，而此时师父的安排的确有点糟糕，这就好比本来去一家知名企业做高管，结果去了以后临时被安排当个看门人。如果克里希那玛查雅听从了师父的安排，那么这就是他给布拉哈马查里的"礼物"，他明白这样的安排正是师父对自己的教诲——承受苦难和忍受卑微。

于是，克里希那玛查雅回到迈索尔，他一边过着一贫如洗的生活，一边寻找传播哈达瑜伽的机会。1931年，克里希那玛查雅受邀到迈索尔的一所梵文大学教哈达瑜伽。当时迈索尔的王公（印度对君侯的敬称）Krishna Raja Wadiyar IV 得了严重的糖尿病，他听说有一位技艺高超的瑜伽修行者来到了迈索尔，于是召克里希那玛查雅为他治疗。王公非常感谢克里希那玛查雅的帮助，同时也十分欣赏克里希那玛查雅的能力和学识，他决定赞助克里希那玛查雅在宫殿里开一所瑜伽学校，帮助他推广瑜伽。

在这家位于迈索尔的瑜伽学校里，到处是充满活力的年轻小伙子，这让克里希那玛查雅想创立一套新的哈达瑜伽练习法，强健孩子的体魄，增加肢体灵活性。他在传统哈达瑜伽调身法和调息法的基础上，加入英国体操动作，并为孩子修正和完善体式序列。[10]

新式瑜伽

阿斯汤加瑜伽称得上当今风靡世界的瑜伽体系之一。很多瑜伽教程介绍的练习方法都是在克里希那玛查雅的教学基础上发展起来的。诸如"阿斯汤加瑜伽""流瑜伽""力量瑜伽""经典瑜伽""维尼瑜伽""艾扬格瑜伽"。

克里希那玛查雅为了适应学生的需要,不断调整教学方法。帕塔比·乔伊斯是克里希那玛查雅最早在迈索尔的弟子之一,他推广了阿斯汤加瑜伽。阿斯汤加瑜伽主要由六个具有挑战性的级别组成,其中第一级是由克里希那玛查雅当年在瑜伽学校创立的。现代的阿斯汤加瑜伽同样重视体位序列和动作难度。

克里希那玛查雅的太太有个体弱多病的弟弟叫艾扬格,这个弟弟后来师从克里希那玛查雅。克里希那玛查雅很注重调身时身体的顺位,后来艾扬格在师父的基础上对此不断进行探索,最终形成了今天的艾扬格顺位瑜伽。

克里希那玛查雅的晚年时光大部分都在治病救人中度过,病人的健康状况在他的救治下得到改善,他成了一位远近闻名的治疗师。后来,他把瑜伽身体疗法传授给了儿子德斯卡查尔。直到今天,德斯卡查尔的弟子仍然非常强调瑜伽的保健功能。他们正积极探索,希望瑜伽在今后不论在身体治疗上,还是在改善精神焦虑上,能够发挥更广泛的保健作用。基于这一点,我们不难看出现代瑜伽的主要形式深受克里希那玛查雅的影响。

一直以来,克里希那玛查雅瑜伽从未停止对寻常百姓的关注,他不关注僧侣,也不关注苦行者。之所以全世界数以百万的普通人热爱瑜伽,愿意在忙碌的生活中抽出时间修习瑜伽,是因为它以人为本,完全从普通人的实际需求出发。德斯卡查尔说得好:"瑜伽让我们学会生活,而不是别的。"

瑜伽＝呼吸＋运动＋冥想

瑜伽历史与现代瑜伽有何联系呢？瑜伽的哲学理论的的确确已经存在了数千年，但现代瑜伽的体位动作却是在近些年才产生的，这让我倍感惊讶。也就是说，一边调整呼吸、冥想，一边练习体位，这样的瑜伽修习方式是近年来才发展起来的。

大多数现代瑜伽练习者不是修道士，很少有人愿意在练习瑜伽时品尝精神和肉体分离的痛苦，以此达到寻求自我的目的。总的来说，人们近年来才开始关注瑜伽对力度和柔韧性的训练，现代人练习瑜伽主要还是为了保健、解压，提高肢体柔韧性。

现代瑜伽集运动、呼吸和冥想为一体。瑜伽动作本身也没有那么神奇和不可思议。随着时间的推移，它已发生改变。克里希那玛查雅当年为了适应学生的需要，就大胆地加入新元素，对动作做了相应调整。

瑜伽并不是花哨的动作，数千年的发展孕育了其独特的哲学理念，这种理念让你相信瑜伽让生活更美好。即使是时下最新流行的健身方式也望尘莫及。真正的瑜伽不但不会强迫你像动画小绿人冈比那样随意弯曲身体，做出各种高难度动作，反而会让你的生活更美好。肢体不够灵活，身体不够强壮或身体负伤，就不可以练习瑜伽吗？这都不是问题。没必要强迫自己去做一些你根本无法做到的疯狂动作，学会适应或者换个姿势，在练习过程中注意调节呼吸，注意身体的反应，量力而行，这样做就对了。

总之，现代瑜伽集呼吸、运动和冥想为一体，它既不是体操，也不是杂技，无法使你拥有超强的柔韧性。即使你拥有杂技演员般超强的柔韧性，也不一定练得好瑜伽，事实就是这样。

摒弃误解

我对瑜伽有许多误解，比较常见的有以下几点。

- 体式学得越多，瑜伽就练得越好。

其实你不需要把几千个瑜伽体式都学完。克里希那玛查雅大师自己一开始也只学了 24 个体式。

- 要记得住瑜伽体式的梵文名字，甚至英文名字。

其实你不需要知晓瑜伽体式的梵文名字和英文名字。即使你把这些名字都记住了，也不见得会把瑜伽学好。

- 要有宗教信仰。

有的瑜伽修行者信奉宗教，如印度教。但是宗教信仰不能成为从瑜伽中获益的原因。

- 饮食要特殊。

有的瑜伽修行者要么信奉素食主义，要么青睐于印度草医学，但是特殊的饮食方式并不是瑜伽练习的先决条件。

- 爱好要特殊。

有的瑜伽修行者热衷于研究另类医学、占星术和其他类似领域，但是这些爱好也并不是瑜伽练习的先决条件。

这就是我自己在初学瑜伽时产生的误解。当了解了什么是真正的瑜伽练习后，最初的疑惑迎刃而解。这其实没有花掉我太多的时间，我认为我花了对的时间，做了对的事情，没有把时间浪费在无聊的事情上。

瑜伽危险吗

我最后还有点担心练习瑜伽会不会弄伤自己。

在我查阅关于瑜伽体式的资料期间,我发现了刊登在《纽约时报》上的一篇极具煽动性文章,题目是《瑜伽怎样伤害你的身体》(How Yoga Can Wreck Your Body)[11]。作者是时代杂志的科学记者威廉 J. 布罗德。这篇文章就摘自布罗德的一本名为《瑜伽科学:风险与回报》(2012)(*The Science of Yoga: The Risks and the Rewards*)的书。文章发表几周后,此书被安排出版发行。

这篇文章几乎让人们对瑜伽感到绝望。针对瑜伽练习的益处,布罗德引用了大量科学研究,但几乎所有引用都旨在说明瑜伽练习仅有的一点益处:瑜伽练习有助于提高关节活动度和保持心态平衡。紧接着,他开始对瑜伽展开攻击,他认为练习瑜伽会使身体受到不同程度的伤害,小到扭伤,大到中风。在个别情况下,瑜伽练习还会使练习者陷入昏迷。(这个话题倒让我们想到了接下来的这两个问题:如果瑜伽练习方法不正确,到底会有什么危害?瑜伽练习存在的最大风险究竟又是什么呢?)瑜伽教学联盟随即对布罗德的文章和书做出了迅速且猛烈的还击:布罗德的说法毫无根据,完全是在耸人听闻。任何身体活动都存在风险,瑜伽也不例外。但是,如果你练习的方法足够安全,一定不会让你受到严重伤害。

练习瑜伽的确有受伤的可能,但几乎不存在类似中风、昏迷这样的重大健康隐患。没有证据表明练习瑜伽会增加受重伤的风险。数据显示:瑜伽比其他身体活动安全,甚至比非接触性运动高尔夫还安全。

如果你不顾疼痛和不适,强迫自己的身体做动作,那么就有可能会招致肌肉拉伤和肌肉撕裂。如果你认为"真正的"瑜伽修行者能把鼻子贴到膝盖上去,于是你就强迫自己的身体也这么做,那么你有可能会拉伤韧带或撕裂脚筋。同样,如果瑜伽教练强迫你做一些超出身体极限的动作,那么你也非常容易受伤。

人体最有可能受伤的地方是颈椎。类似头上倒立这样的动作会使人的头部和颈部受压。如果你倒立时不注意方法,颈部或脊柱则有可能受重伤。

因此,只要听从身体的反应,量力而行,不让脊椎承受不必要的压力,就一定可以毫无风险地练好瑜伽。

制定最可行的目标

我已十分清楚瑜伽所包括的类型、形式和理论知识。我准备好了。那么我从哪里开始学呢?在这之前,我应该好好想想:就我而言,练习瑜伽的目的到底是什么?

我想让肢体更加灵活,我的身体告诉我它需要更多的锻炼。医生建议我多做一些关节运动,瑜伽就是其中一个。我知道肢体锻炼和冥想是很有好处的,而且我很喜欢瑜伽将这二者结合起来。我没时间去上冗长的瑜伽课,所以我就想在家里进行安全有效的练习。

以下是我制订的一套十分详细的学习计划:

1. 选一套适合自己的肢体动作学习,增强体力,提高肢体柔韧度;
2. 把呼吸和冥想融入锻炼中,在一段时间内使身体和心灵受益;
3. 在保证安全的情况下,凭记忆练习20~30分钟,期间调整耐力、力量、韧性和精力。

瑜伽装备

在练习瑜伽之前，我需要备齐基本装备。首先是瑜伽垫子，它具有缓震作用，防止手脚打滑。练习时，手脚流汗容易滑倒受伤，所以准备一个质量好的瑜伽垫子很有必要。

之前"菩尔瑜伽中心"提供的瑜伽垫子质量很好，但是那垫子对于我来说太短了，以至于我经常滑到垫子的边缘，双脚无法站稳，最后不得不停下来重新调整姿势。如果我能找到一个长一点的垫子就好了。终于，我打听到了一款 85 英寸的曼杜卡 PRO 垫子[12]。这样的垫子是加长款，抓地性能好，耐用，恰好又是绿色，非常适合我。

后来，我还买了一个瑜伽包和几条擦手的毛巾，以防手上出汗。短裤、T 恤以及瑜伽裤也已备好。瑜伽练习是光脚进行的，所以我不需要专门买鞋子。

在凯尔西的建议下，我买了一条棉质瑜伽带子和竹木棍，她说这两样东西可以帮我纠正动作。

瑜伽练习不需要准备太多东西。瞧，这就是我的瑜伽装备，它们看上去太棒了！

学习瑜伽姿势

我初期的策略是：在太太凯尔西的指导下开展训练，因为她曾系统受训并已获得教练资格。在一个下午，大概 90 分钟的时间里，我学会了瑜伽基本知识。

若不是家里有这样一个现成的瑜伽老师，我想我应该会提前在本地预约一个私人教练。一对一指导对于这种肢体动作的学习是非常有必要的，因为动作本身很难通过看书学会。

当然，这并不意味着我不看瑜伽方面的书，事实上我已经准备好了学习资料：

- 莱斯利·卡米诺夫和艾米·马修斯的《瑜伽解剖学》（2011）；
- 加里·克拉夫特索的《健康瑜伽》（1999）；
- 格雷格·迈尔的《阿斯汤加瑜伽：练习与哲学》（2007）；
- 莱斯利·卡米诺夫的《莱斯利·卡米诺夫的以呼吸为中心的瑜伽》DVD（2010）。

这些资料主要做参考用，里面配有图片、动作示范以及针对每个标准动作的详细讲解，所以我会在必要时查阅一下。尤其是正式开始练习后，我需要了解后面的每个步骤。

接下来，凯尔西和我铺开了瑜伽垫，开始练习。第一步：拜日式。

拜日式动作序列

拜日式这一系列的动作可以帮你热身，大多数的瑜伽练习都是以拜日式热身开始。

每个人的身体条件各不相同，"遵守身体的极限"才能确保"正确地"练习。如果你注意身体的反应，避免过度拉伸，量力而行地调整每个动作，你就能够安全地练习瑜伽了。这一点请多注意。

以下是该姿势的分解动作（见图4-1）：

图 4-1

1. 吸气,直立于瑜伽垫前,手臂放松于两侧,膝盖放松。
2. 呼气,将你的手抬于胸前,通常在"祈祷"的位置。
3. 吸气,同时将你的手臂伸展直至完全伸展,并高于你的头部。然后,抬头看你的手。(如果感觉不舒服,平视即可)。
4. 呼气并向前弯曲,以臀部为轴移动,使你的手触摸到地面和脚尖。尽力向下移动,不要过度伸展。膝盖弯曲是可以的,请放松你的肩膀和脖子。
5. 吸气并抬头看面前的墙,手依然保持与地面接触(或者将腿绷直并放松头部和颈部)。
6. 当你回到之前的弯曲动作时再呼气。
7. 吸气并将双脚后移呈"俯卧撑式",让身体得到了完全伸展,此时,双手和双脚支撑全身的力量。你可以将脚收回或跳起,二者皆可。(这个动作叫作"棒式"或"平板支撑"。)
8. 当你在做俯卧撑动作时,呼气并将身体降至地面,不要让身体贴地,要与瑜伽垫保持 1~2 英寸的距离并保持这个动作。确保肩部、肘部和腕部与地面成 90°,以防受伤。如果一开始很吃力,可以将膝盖放在地面上。(这个动作叫作"基础板式"或"鳄鱼式"。)
9. 吸气，身体向前，背部向上成拱形，身体向上，躯干挺直，同时将你的脚转动使得脚尖接触地面，腿部距离瑜伽垫1英寸左右（这个动作叫"上犬式"，因为它看起来像狗在伸展一样）。
10. 呼气并转动双脚，脚后跟着地。同时，将尾椎骨向上、向后移动直至身体成为一个反的V字形，放松颈部和肩部。当腿筋有拉伸感时，你可以想象你的呼吸进入了腿筋中。保持这个姿势并呼吸3～5次。（这个动作叫作"下犬式"。）
11. 吸气，脚向前移动或跳起并呼吸，直至双脚低于肩膀。
12. 重复步骤5和步骤6。
13. 吸气，同时将你的手臂伸展直至完全伸展，并高于你的头部。然后，抬头看你的手。
14. 呼气，将你的手抬于胸前，通常在"祈祷"的位置。

你会注意到，这一系列动作的开头和结尾是相同的。当你完成整套动作后，你还可以任意地重复做下去或者换一个站立姿势继续练习。此外，每个动作都始于"吸气"或"呼气"，这其实是有意为之：每个动作都搭配一次呼吸。"专注呼吸"是瑜伽与有氧运动的区别所在。

拜日式是最容易的瑜伽体式。如果你真的想练习的话，你可以把拜日式作为整个瑜伽的训练项目。这个系列的动作涉及人体全身主要的肌肉群，将力量与柔韧性结合，具有挑战性但并不复杂。克里希那玛查雅当年就是这么修习的。

在传统的阿斯汤加瑜伽中，拜日式（也叫"串联体式"）是分成每个独立动作来练习的。这意味着在练习第一级时，你就需要花上两个小时的时间来完成这一系列简单的动作。

然而，人的身体很容易因反复做某一动作而受到压力损伤。如果过度进行拜日式训练，则可能伤到自己。[13] 这就是为什么做了一系列拜日式动作热身完毕后，要换其他动作练习的原因。

记住像达斯·维达一样呼吸

练习瑜伽体位时，有一种特别的呼吸方法，叫作"乌伽—呼吸"。这种方法在瑜伽呼吸技巧（调息法）中最简单和常见，它让修习者更容易专注呼吸。

在咽喉后部有一个小的肉质结构叫作声门，大概在扁桃体和声带的位置。如果你下意识地轻微收缩声门，这个动作能控制空气在肺部的进出。

这种控制的作用很明显：当你吸气时你能听到（感觉到）冷空气流入你的肺中，而当你呼气时暖空气从你的肺部流出。

《瑜伽经》有一段这样的描述："练习'乌伽—呼吸'的时候，通过喉咙的收束，空气在喉咙的后部通过时能发出海浪般的声音。"但是，我更喜欢这个现代的描述："乌伽—呼吸的气场就像《星球大战》中的达斯·维达那样强大。"如果你想模仿西斯变成黑武士后经典的低沉呼吸音，那么你把嘴闭上做"乌伽—呼吸"就行。

古典文献认为瑜伽的神秘感来自于它诸如"乌伽—呼吸"这样的调息法。不管"乌伽—呼吸"是否能在体内储存热量或者是否能促进生命气息（普遍的生命能量）的流动，至少它让我们更专注自己呼吸。

"乌伽—呼吸"最主要的目的是保持平稳呼吸，放松且有规律。如果坚持"乌伽一呼吸"练习，那么在瑜伽练习中，你会更容易把注意力放在呼吸上，以防走神。你慢慢心无杂念地跟随呼吸的节奏，不知不觉你就开始冥想了。

我已经学习了最常用的瑜伽体位序列以及主要的呼吸方法，这大概用了 20 分钟。到现在为止感觉还不错！

现在，让我们学一些常见的站立姿势。

站立姿势

勇士式是"阿斯汤加"和"串联体位法"的核心。这些动作通常在拜日式系列动作之后或之中进行，也可以作为一个小序列单独进行。

下面是勇士一式的分解动作（见图 4-2）：站直，平视前方。吸气并一条腿后撤一步，脚尖与后脚跟成 45°，两手上举，互相平行。前腿膝盖弯曲，脚手放前，胫骨与地面大约垂直。脚后跟应平放于地面。保持此动作，3 ~ 5 次呼吸。

图 4-2　勇士一式

紧接着勇士二式，展开双臂和臀部面对瑜伽垫（如果你的右脚在后，则向右展开，反之亦然）。保持手臂与地面平行，做扩胸运动。保持此动作，3 ~ 5 次呼吸（见图 4-3）。

图 4-3　勇士二式

勇士三式（见图 4-4）：可以简单地称为"超人姿势"。这个动作的目的是在一只脚的支撑下将你的躯干向前移动，身体的其他部位与地面保持平行。从一个中立

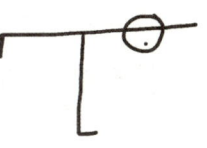

图 4-4　勇士三式

的站姿开始（常规站姿或勇士一式），手臂抬过头顶，一只脚慢慢离地。将你的离地脚向后继续提起，同时躯干向前伸，转动臀部直到做成超人姿势。调节脚部肌肉平衡，让直立腿的膝盖坚持住，但不要僵住了。保持这个姿势，3～5次呼吸，然后回到中立姿势。

紧接着中立姿势，吸气，双臂螺旋向外向上伸出，就像拜日式的开头一样。然后，呼气，双臂螺旋收回并下降，臀部和身体向前下方，直到你的胸部接近膝盖。重复几次，螺旋向上时吸气，向下折叠时呼气（见图4-5）。

图4-5　卡米洛夫螺旋式

这是我最喜欢的站姿。尤其清早坐在电脑前数小时后，做这个动作让人非常舒服，双手和手臂不会承受任何重量。如果你患有腕管综合征，目前正在恢复期，或者你想锻炼力量和柔韧性，但又不愿尝试高难度动作，那么卡米洛夫螺旋式就是一个非常不错的选择。

紧接着中立动作，臀部为轴，向前折叠，如果需要的话，可以弯曲膝盖。放松颈部和肩部，头部向下，手指触摸地面（见图4-6）。向下弯曲并打直膝盖，注意，这时你能感觉到拉伸（如果脚筋足够灵活，你也许可以手掌触地，但不要过度拉伸自己）。3～5次呼吸后，回到原始站立姿势。

图4-6　前屈式

紧接着中立动作，首先向两侧移动双脚，形成一个漂亮的V字形姿势，然后以臀部为轴向前弯曲（见图4-7）。放

图4-7　双角式

松颈部背部，头部向下并用手掌触地，经过 3～5 次呼吸，回到原始中立姿势。

　　紧接着中立动作，首先双腿向两侧移动，形成 V 字形，脚向前。以臀部为轴旋转，一只脚移到垫子的一端，此时，这只腿膝盖弯曲，让肘部放于其上。另一只手伸向天花板方向，最后膝盖打直，处于下方的手离开膝盖或地板，保持这个姿势 3～5 次呼吸，回到双角式，换另一侧做同样的姿势（见图 4-8）。

图 4-8　三角式

　　紧接着中立动作，首先两腿向两边移动，形成 V 字形，以臀部为轴旋转，一只脚指向瑜伽垫，此时，这只腿膝盖弯曲，让肘部放于其上。另一只手伸向天花板方向，让另一只手掌接触地面（如果你感觉良好的话）。手臂要与地面垂直，形成一条直线。

　　侧三角伸展式（见图 4-9）有一个小改动我非常喜欢：你不必把手向地面或天花板伸展，只需双手合十做一般的"祈祷"动作，并保持这个姿势，3～5 次呼吸，回到双角式，然后换另一侧做同样的姿势。

图 4-9　侧三角伸展式

　　首先站直，双脚并拢，手臂放于两侧。吸气，手臂向上伸直，超过头部。然后呼气，屈膝，腿部并拢，直到几乎形成一个坐着的姿势，想象你正坐在沙发。（这个动作很难，时间越长越难。）保持姿势，3～5 次呼吸，然后恢复（见图 4-10）。

图 4-10　椅子式

首先站直，双脚并拢。一只脚离地，膝盖弯曲，用同一侧手抓住离地的脚踝。另一只脚保持平衡，离地脚抬到大腿上方，脚尖指向膝盖。你可能发现站立的那只脚的肌肉在疯狂地抖动，直到你找到平衡。当你的离地脚找到平衡位置，放开脚踝，将手置于胸前合十呈"祈祷"姿势。保持动作，3～5次呼吸，然后换脚（见图4-11）。

图4-11　树式

地板姿势

身体趴在地上，以手部和膝盖为支撑，手臂和双腿分别伸向两边。颈部和肩膀保持放松，眼睛向下看地面。呼气，背部呈拱形，腹部沿脊椎方向向下。你会发现你现在会看到你的腿。这就是猫的姿势（见图4-12）。

图4-12　猫/牛式

接下来，吸气并摆平你的背部呈中立式，然后做相反的拱形动作，腹部向下，就像拜日式的初始动作一样，你会看到自己在向前看，背部呈凹面状，这就是牛的姿势（见图4-13）。

图4-13　坐姿前弯曲式

呼吸，重复这两组姿势，不少于5次。

坐在瑜伽垫上，腿部向正前方展开。双脚紧绷，与地面垂直。以臀部为轴，用四头肌肌肉（大腿前方的肌肉）发力，腿部不要弯曲，然后用手触摸双脚。在不疼或者不是太难受的情况下，手尽可能地向前伸，保持这个姿势，3～5次呼吸（见图 4-14）。

这个动作可以看成是树式和前屈式的结合。一只脚抬起，膝盖弯曲，另一条腿向另一个方向旋转。脚弯曲向大腿内侧，以臀部为轴身体向前倾，就像向前弯曲姿势一样。在不疼或者不是太难受的情况下，手尽可能地向前伸，保持这个姿势，3～5次呼吸（见图 4-15）。

图 4-14　单腿前弯曲式

图 4-15　支撑式

这个动作做起来比看起来难。坐在瑜伽垫上，腿部向正前方展开。双脚向上弯曲与地面垂直。手平放在地板上，并向地板发力，尝试将身体微微离地，脚尖保持向上。保持这个姿势，3～5次呼吸。

坐在地面上，弯曲膝盖，对向胸部。然后，膝盖向两边打开直至靠近地面，双脚脚底接触地面。双手握住双脚，保持这个姿势 3～5次呼吸（见图 4-16）。

坐在瑜伽垫上，腿部向正前方展开。一个膝盖向胸部方向抬起，直至这只脚达到另外一个膝盖的位置。然后用手握移动脚并放在伸展脚的另一边。手掌放在臀部后面的地上，就

图 4-16　束角式

像支撑姿势一样。当你做好这个姿势后，移动另一只手臂到另一边直至肘部碰到膝盖（如果你的右腿是弯曲的，就移动你的左手臂）。手臂弯曲于肘部，指尖向上。当你完成脊柱扭转动作时，头部也以你脊柱扭转的方向保持旋转（见图 4-17）。

这个姿势的好处就是你可以真正体会到脊柱不同位置旋转时

的不同之处。根据莱斯利·卡米诺夫的观点，腰椎只能旋转 5 度，胸椎可以旋转 35 度，颈椎可以旋转 80 ~ 90 度，所以当你真正充分旋转之后，你应该能够看到自己的后面。

图 4-17　坐立脊柱扭转式

保持扭转姿势，3 ~ 5 次呼吸，还原，然后换另一边。

这个姿势比较难。坐在瑜伽垫上，腿部向正前方展开。膝盖弯曲，保持坐姿平行，脚尖轻触地面。手臂向前伸展，腿部并拢并抬起。保持小腿绷直并拢，调整身体保持平衡。保持这个姿势，3 ~ 5 次呼吸，放松（见图 4-18）。

蹲在瑜伽垫上，手掌放在地面上。双肘放在相应膝盖的内侧，身体向前倾直至重心前移，然后一只脚离地，用手臂尽力保持平衡，呼吸保持稳定（见图 4-19）。

躺在瑜伽垫上。膝盖抬起直至双脚放平并位于臀部下方。同时，手臂由耳部顺下，手掌着地。吸气，腿部和手部用力，身体向上形成拱形。保持这个姿势，3 ~ 5 次呼吸，然后放松，躯干缓缓向下降于地面，放松休息（见图 4-20）。

图 4-18　船式　　图 4-19　乌鸦式　　图 4-20　车轮式

克服困难

注意到了吗？这些动作都是保持 3 ~ 5 次呼吸后才结束的。

这是有意为之。呼吸让瑜伽独一无二，所以它是每个姿势的重要部分。作为初学者，3~5次"乌伽—呼吸"是良好的开头。

高水平的瑜伽修行者并不需要做更多的复杂动作或者高质量的动作。相反，他们做动作更慢、更有控制力，并且做每个动作持续的时间更长。如果渐入佳境，那么可以在每个姿势上多加几次呼吸。

挺卧式（见图4-21），从瑜伽传统上看，是整套弯曲和呼吸的终极目标。记住，之前的体式练习都是在为冥想做准备，这个传统也继续延续到了现代瑜伽练习中，这是非常好的。

图4-21 挺卧式

挺卧式的重点是放松全身紧张的肌肉以及冥想。人们常常将其称为"摊尸式"，但是不要被这个恐怖的名字吓倒。这个动作本身很简单：平躺在瑜伽垫上，腿部伸直，手臂放在两侧。闭上眼，全身放松，肌肉运动完全停下来。

从头到脚感受整个身体，如果有的部位肌肉仍然在收缩，放松它们，包括我们不经常注意的肌肉群，比如脖子和舌头。与此同时，不要再进行"乌伽—呼吸"，正常呼吸即可。

这种感觉就如同你已将全身融入了地板。肌肉经过长时间运动后，挺卧式让我们彻底放松。身体筋疲力尽时，大脑似乎很放松，所以在做挺卧式动作时也容易冥想。

保持挺卧式5分钟左右，然后起身。瑜伽练习就完成了。

方法回顾

此刻，我已经达到了既定目标，经过3小时的学习，我完全可以自己在家安全有效地练习瑜伽了。

下面，我们一起回顾一下学习瑜伽的核心方法。

1. 我备齐必要装备：瑜伽垫、棉质瑜伽带子和竹木棍。
2. 我花了几小时向有经验的老师请教瑜伽基本动作，并摒弃掉对瑜伽学习的主要误解。
3. 我了解瑜伽体式练习涉及的不同姿势，并且在做动作时专注呼吸，集中注意力。
4. 我学习基本的串联体位序列动作（拜日式）、10种常见的站立姿势、10种坐姿和倾斜姿势。
5. 我学习基本的呼吸技巧（调息法），这更易于在练习时专注呼吸。
6. 我在练习中注意身体的反应，以防受伤。必要时调整姿势，以免过度拉伸，不要让脊椎承受不必要的压力。
7. 我练习直至能凭记忆完成整个序列动作，这大约需要25分钟的时间。

接下来做什么

此时，我很满意自己的瑜伽训练。经过3个小时的研究和指导，我想我再不用去瑜伽馆了。只需早上或晚上花上25分钟，就能自己独立练习。

肢体锻炼与冥想的结合使我特别喜欢瑜伽。通过练习，我的身体状况明显好转，精神也好了许多。只要长期坚持，我肯定能够从瑜伽中获益。

定期腾出时间练习，这就是练习的诀窍。为此，我更改了日常时间安排，现在我清早起来不会立刻上网查看邮件或处理工作，而是先练瑜伽再做别的事。照顾好身体是我的首要任务，我相信瑜伽将会在未来几十年里让我的身体一直保持良好的状态。

学会简单的基本动作就能享受瑜伽的乐趣。你不需要成为修道者或者柔术演员，也不需要精通每一个动作，更不需要具备把腿拉伸到头后面的能力。

值得高兴的是，我仅用了3个小时就学会了瑜伽，并且效果好得超出我的预期。起初我以为会花很长时间学习这些复杂的瑜伽动作，但结果证明我的担忧是多余的。我以极其简单的方式，在短时间内达到既定目标，学到自己想学的东西。

记住，当你学习新东西时，真的没必要把简单的事情搞复杂。

第五章

编程

学习心得：复杂的东西拆解之后就会变得简单

"如果调试程序是移除臭虫（bug，软件缺陷）的过程，那编写程序就是把臭虫放进来的过程。"

——迪杰斯特拉，著名计算机科学家

> 关于本章的补充图像、视频和评论，请访问 http://first20hours.com/programming.

从 2007 年开始，我就一直生活在网络上，当时我辞掉了宝洁公司营销经理一职，开了一家出版咨询公司。

我的门户网站 PersonalMBA.com 是我的谋生之道。从学识上讲，我自认为已经完全达到商学院教授级别了，只是我不在大学工作而已。每年我都会为一些想自学商业课程的读者更新最佳商业读物书单。[1]

2005年,我在网站里推荐的书单深受读者朋友的喜爱,这是我第一次做推荐。后来,更新的清单更是吸引了来自世界各地浪潮般的读者。现在,PersonalMBA.com 门户网站的访问量已突破200万次。

我的第一本书《在家就能读MBA:掌握经营的艺术(2010)》(*The Personal MBA: Master the Art of Business*)是网站 PersonalMBA.com 的自然延伸,该书一经出版立刻就登上国际畅销书排行榜。写书期间我一直在思考如何推广这本书,过去的几年我一直在尝试吸引更多的读者。

经过多年努力,《在家就能读MBA》一书先后受到《纽约时报》《华尔街日报》《财富》《福布斯》和《快公司》等报纸、杂志以及一些热门网站和博客的推荐。一经推荐,PersonalMBA.com 网站的访问量在极短的时间内就会破万。

进步的代价

自己的网站一下子拥有成千上万的粉丝的确是一件美妙的事情,但这样的美妙需要条件,即每个访客都能顺利访问该网站。然而,我的网站一旦接收到大量的访问请求,系统一定会在"无上的荣光"中彻底崩溃,草草留给访客一条无奈且神秘的错误信息。这让我非常头疼。

举一个典型例子:Lifehacker.com 是美国著名新闻博客 Gawker Media 公司旗下的独立博客网站,旨在分享一些生活诀窍和IT类的信息,以便提高用户的办事效率。在过去的几年里,它连续为《在家就能读MBA》做了三次推荐,每次推荐后,数以万计的访客便会蜂拥而至，不出意外地我的网络服务器（计算机对访客每一次访问要求均会发送一个网页）一定会以崩溃收场。这种情况下，访客再也无法找到我的网页，相反，服务器会返回一条"数据库连接错误"或"错误503"的页面提示。瞧，我的服务器开始求饶了。

眼睁睁看着我的服务器因不堪重负一次次崩溃，我的灵魂似乎也随之崩塌。我苦心经营的网站屡遭劫难，一切努力付之东流。成千上万的读者对我的个人网站充满无数好奇，可我的服务器总是不争气，瘫痪了，他们只好两手空空，黯然离去。我的营销工作固然做得漂亮，然而我的系统却无力应对激增的访问请求。

问题检查

最初，我通过增强处理能力和扩大内存来改善服务器。那样做有用，但只起到一定的作用。超出了那点作用之后，我的网站仍然面临崩溃，尤其在我的营销取得重大胜利的时候。当时，PersonalMBA.com 在一个受欢迎的网站管理系统上运营，这个系统叫 WordPress。[2] WordPress 易于安装和使用，运行无负担。在 WordPress 的默认配置里面，每一个网页请求都会引起级联服务器的活动，它会产生数以百计的隐性请求，最终把网页发送给访客。

这样的话，每一个单独的网页请求就会变得麻烦。也就是说，每一个请求都对内存和处理能力有很高的要求。如果一个访客浏览了网站的5个页面，那么该用户就会产生5个请求。以此类推，如果1000个访客同时请求浏览同一个页面，那么服务器就会试图同时启动1000个相同的流程，这真的太麻烦。

系统瘫痪

遇到这样的情况，可怜的被围攻的服务器将会试图回复每个请求，但因为每个请求都涉及大量资源，所以服务器在完成所有请求之前就将耗尽内存。到那个时候，服务器就会"举白旗"投降，此时的访客倒霉透顶。

为了应对这个问题，我先后换了五家网络主机服务商。耗费了大量的时间学习如何让 WordPress 在重压下保持在线。每换一个新的服务器，其配置的复杂程度都会增加；而每一个新的装置，都要求提供更全面的长期维护。

最终，我建立起了我的自定义服务器，调用了一长串神秘的系统命令来安装、设定和修正复杂的服务器应用，而这些应用我之前几乎一无所知。在设置或维护的过程中，我遭遇的每一个小错误或大问题都会让我花很长的时间对它们所造成的故障进行研究和排除。

也许这样做还不够。WordPress 拥有大量的用户群，这使得其存在安全隐患，它常常成为黑客和垃圾邮件发送者的攻击目标。每隔一个星期左右，那些不怀好意的程序员就会利用某个新的薄弱点干点儿坏事，他们要么盗取用户账号，要么制造数以百万计的垃圾邮件去填满 WordPress 的博客档案。因此，你需要 24 小时不间断地对整个系统进行监控，以此保证 WordPress 装置的安全以及软件随时处于更新的状态。特别是在维护多个网站的时候，你必须得这样做。（我曾经同时维护了 12 个网站，但没这样去做，最终惨败收场。）

突然间，我意识到我在保持网站在线方面所花的时间比我在为读者搜索资料和写作方面所花的时间还要多。这简直毫无意义。我不仅浪费了生产力,而且还未真正学会如何编程。我只是在学习一大堆针对特定情况的技巧和方法,而且这些技巧和方法只能用于 WordPress 的运行。这一点也不酷! ³

我一定要找到别的维护网站的方法。好在不久之后,我真的找到了一个极具前景的替代方法。

一个潜在的解决方案

一天,我偶然发现一篇关于 Jekyll4 的文章,Jekyll 是一个由著名的开放源代码库 GitHub5 的创立者 Tom Preston-Werner 开发的网站管理工具。Jekyll 的设计是为了取代如 WordPress 这样的系统,它使网站运行变得更加容易,而且无须依赖那些麻烦的请求。

设想此时你正有成百上千的包含重要信息的文档要处理,你需要将它们按同一标准进行页面处理,即同样的字体、同样的标题样式等。在这种情况下,如果你开发了一个工具,这个工具可以把指定的页面设计自动应用到你选择的每一个文档中,这可比手动升级每个文档花的时间少多了。

这实质上就是 Jekyll 的网页功能。当运行一条指令,Jekyll 就会使用你计算机上的文档(包含你的网站信息和设计模板)创建一个完整的网站。如果你需要对页面设计或页面内容做出修改,那么只需要再次开启 Jekyll,整个网站就会进行自动更新。瞧,这太省工夫了吧。

Jekyll 提供了极具前景的机遇。从理论上讲,我用电脑里的一个简单的文本文件来就能替代 WordPress。我的网站运行速度会极快,而且超级稳定,这样下来,每年节省超过 100 小时的服务器维护时间。

然而，有个小问题：Jekyll 是使用 Ruby 编写的 ——一种我不懂的程序语言。我不知道怎样使用 Ruby 编写代码，不明白如何运行 Ruby 应用服务实际用户。所以，若要运行我的 PersonalMBA.com，我要做的可不只格式化那么简单。

为了使用 Jekyll 运行我的网站，我不得不学习编程并部署 Ruby 网页应用。

似乎这个小问题变得相当让人"喜欢"。

学习编码

我想学习如何编程已经有好一段时间了，但是其他事情总是被我优先考虑。如果我学会了编码，我的出版业务将迎来更多的契机，因为我的业务都在网上进行。

其实到目前为止，我没做过一件和编程相关的事，还好我注意到这点。我用来创建网页的 HTML 和 CSS 语言叫作"标记"语言。HTML 和 CSS 语言根本不智能，它只是简单地以特定方式告诉计算机把文本文档展示给用户（例如，"使该文本变成粗体"或者"这部分标题的大小是 24 号的字体"）。

我那几近疯狂的服务器设置也是如此。即使我把程序放在了一起，我却从未真正地编程。事实上，我只是把事先写好的程序安装好，然后变更一些设定而已。在不需要任何编程知识的情况下，我只是使用它们而已，真正书写它们的是程序员。服务器设置和管理的确是一项有用的技能，但那毕竟不是编程。

什么是编程

说起编程，我的第一个念头是：编程就是告诉计算机"要做的事情"。这样的解释太不具体,对细致学习编程好像也没有多大作用。现在要搞清楚的是"要做的事情具体是什么"。

10年前,我在大学里面学习过两门编程基础课程。此时的我却想不出一个适合的定义来,这着实令人有点尴尬。我只依稀记得一些基本术语,比如变量、循环、输入、输出、功能和面向对象等,还有程序设计里面的"冒泡分类法",其他的就想不起来了。

该课程的作业是要求我们学习C++编程语言。我记得当时花了好多时间才找到了一个让我的程序陷入瘫痪的分号,这让我备受煎熬。一个教授曾经说过:"冒泡分类法可能永远不会在实际应用程序中使用,但我们仍然要学习它。"

学习期间,我写了好多基本的程序,我必须得这样做。因为我的目标是以良好的成绩通过这门课程,最终我也确实做到了。然而,非常不幸的是,当时编写的程序在毕业后就再无实际用处,那些概念也长时间无用武之地。虽然我至今仍记得寥寥数语,但是为了把握核心理念,我必须从头开始。

虽然我想学习编程,但自己却无法明确具体要做的事情,这就意味着我无法设定我的预期目标。"创建一个计算机程序"听起来好像更加具体了点,但仍然不是非常有用。

不如我先把目前对编程的了解说一遍吧。

- 我知道程序员"编写"程序是一件创造性活动,可以通过很多种方式来完成。
- 程序经常被称为"应用",它们之间可以互换。
- 一旦计算机程序被"运行"或"执行",不管接下来会发生什么,它们一定会按照编写的程序命令做事情。
- "输入"和"输出"很容易记住,因为它们是常见的用法。

- "输入"就是程序所使用的信息或数据，而"输出"则是当程序运行的时候，你得到的东西。
- "变量"基本上就是一些变化的占位符。你可以创建任意数量的占位符，然后让那些占位符代表你所想要的。
- "程序"本身实质上是一套详细的指令和规则，它们精确地告诉计算机使用"输入"做什么。当程序运行完成，它就会给你"输出"。
- 当出错时或者计算机无法弄清楚接下来该做什么时，程序就会"瘫痪"或者会显示一条错误消息。

瞧，我们好像取得了一些进展，有点眉目了。除了"编程"，我们现在有三个子概念需要理解。我得做一个非常基本的分解。

- 输入：用于执行一个流程的信息。
- 流程：在给定输入的基础上，程序运行所采取的一系列步骤。
- 输出：程序的最终结果。

这个分解明显有用多了。"编写一个计算机程序"意味着你要定义从什么信息开始，定义计算机在输入时所进行的精确步骤，以及定义程序完成运行之后计算机将返回的输出。

试着在大脑里想出一个流程图，显示程序每一个相连的步骤。该流程始于某些输入，在这个流程中，当遇到特定的条件，不管是真条件还是假条件，你会采取相应的措施。直到达到流程图的末端，整个程序运行结束。相应地，你也得到了输出，即流程完成之后的最终结果。

"创建一个计算机程序"看起来就像用不同的方式去做同样的一件事。你会问到同样的问题：

- 从哪里开始输入？
- 流程开始时会发生什么？
- 然后呢，再然后呢？
- 流程什么时候结束？
- 流程结束时会获得什么输出？

流程图以可视化的形式描述这些问题的答案，而程序则使用文本描述它们，但它们的思维过程是一样的。

流程图模拟也同样有用，因为它提供了其他概念的重要线索。

条件语句就像这样书写：

- "如果 X 是真 / 假，然后做 Y"；
- "如果 X 是 / 不是 Y，然后做 Z"；
- "当 X 是真 / 假，然后做 Y"；
- "当 X 是 Y，然后做 Z"；
- "若 X 是真 / 假，然后做 Y"；
- "若 X 是 Y，然后做 Z"。

在这种情况下，X、Y 和 Z 是变量，它们可以代表任何东西。变量可以代表数字，像基本代数，或者它们也可以代表单词。有时候变量是单一的字母或符号，而有时候它们是单词。又或者说，它们代表所有我们正在做的东西。

条件语句（如果 <IF>、然后 <THEN>、当 <WHEN> 以及循环语句 <WHILE>）就像流程图上的问题的箭头一样。想象一下我们驾驶汽车时的情景：红灯停，绿灯行，黄灯放慢速度或准备停止。

很有必要更加深入地了解一下这些条件语句，因为它们有共同的模式。"真/假"经常出现，而循环语句看起来就像我们一直在做某件事，而不是只采取单一的行动。

任何情况下，条件句包含了一些定义是否采取行动的语句。这个语句称为一个条件，有多种形式。有时候这个条件只是一种基本的真/假比较（红灯亮了吗），有时候它是一种数学比较（X大于100吗），或者有时候它包含逻辑（交通信号灯不是红色的吗）。

该条件句的目的就是为了定义是否应该进行相关流程。如果该条件句是真或有效的，那么该程序就运行指令；如果不是，则跳过相关指令，然后该程序执行下一条指令。

真/假变量被称为布尔变量，可以用于那些只有两个选项的奇特语句。"是/否"和"开/关"也是布尔变量。布尔变量在计算机编程当中非常重要，因为它们是两个简单流程（如流程图中的真/假）的基本单位以及计算机核心当中的微型电子开关的上/下翻转。

在这种情况下，循环语句就是一种特殊的条件句类型。循环使存在问题的流程不断重复，直至条件符合。让我们再次模拟刚才的驾驶场景：当红灯亮的时候，不要前行。

非常简单，不是吗？如果我们把编写计算机程序想象成绘制一个流程图，基本流程更加容易想象。

如果计算机不知道该做什么，卡住了，或者不运行某一指令甚至失灵，怎么办呢？下面我告诉你一个小窍门。

程序"瘫痪"是指程序完全停止运行，并输出一条错误信息，此时我们无法得到所需要的结果。我想几乎所有人都遭遇过令人恐惧的"蓝屏死机"状况或者在浏览网页时看到过突然跳出的一条错误提示："错误404：未找到页面"。计算机行为失常，程序瘫痪，这样意想不到的事情时有发生。

计算机程序员的工作是预防瘫痪和错误的发生。确保程序总是拥有按计划完成流程所需要的信息，这当然是最理想的情况，可事实上并不可能每次都如愿。当计算机试图完成一个流程，但因遇到无法避免的不确定因素而失效时，有些恢复方法非常有用。

这些错误恢复编程语句被称为 Exceptions 函数，它们非常简单，容易上手。你可以把它们想象成针对错误的条件句：如果程序将要以 X 方式瘫痪，那么做 Y 可避免瘫痪。

Exceptions 函数有点像医院大楼里的备用发电机。大多数时候，发电机只是无所事事地待在那里。然而，如果停电，发电机就会上岗工作。医院使用了发电机产生的电力，不再陷入黑暗之中了，患者也能继续使用维持生命的电气设备，这是一件非常好的事情。由此可见，完全失效是相当危险的，此时备份就显得非常关键。

坦白讲，这只是基本的编程。定义输入、设定变量和创建流程，得到预期的输出。通过一份流程图去思考那些流程，使用必要的条件语句和 Exceptions 函数。如果一切顺利，你输入，运行程序后，就会得到预期的输出。

我以上所讲的编程内容已经大大降低了它本身的复杂程度。对于编程菜鸟而言，其实已经足够具体和有用了。通过这种方式解构编程，我们就更加容易知道该从哪里着手了。

编程语言

计算机不会像人类那样说话，这是一个棘手的问题。从本质上而言，计算机通过特殊的方式翻转微型电子开关来工作。除非计算机具有某种方法把我们人类语言的命令转换成为电子开关翻转，否则计算机无法接收我们的命令。

这就是编程语言的作用：它们赋予人类程序员一种特定的方式来告诉计算机何时开始、做什么以及何时停止。它们还允许程序员定义输入、流程以及输出的样式，以及程序的执行完成之后将会获得怎样的输出。

每种编程语言都有一种特定的编写命令的方式，这叫作语法。语言的语法包括计算机用来将程序命令转换为微型电子开关翻转的规则。

基本上，每种语言都有一种定义变量、条件句和 Exceptions 函数的方式。细节虽有差异，但核心却是相同的。

像程序员般思考

程序员经常通过所谓的伪代码来思考问题：看起来或听起来像代码的语言，但尚未具体到能够让一部电脑实际执行。仅仅把它作为打草稿的一种形式。伪代码可以帮助你通过流程来思考问题的解决方法。

之前提到的驾驶的例子就是一个伪代码事例。如果我在车里说："当我转动钥匙，发动机就会启动了。"若只是这样"说"的话，接下来什么事情都不会发生。但并不代表我说的话是无用的。我的话只是通过所需的步骤来思考问题的解决方案，它是获得预期结果的一种方式。

你可以使用我们刚才讨论过的基本编程概念来为普通的任务勾勒出简单的程序。

这里介绍一个有趣方法：找一个朋友帮你完成一件简单的任务，比如"做一份三明治"。唯一的规则就是你的朋友只能做你告诉他的事情，不多不少。他得假装什么都不知道，只能按照你吩咐的意思执行每个要求。

几分钟之后，你会发现自己正重复下面的对话。

你：拿起面包。
朋友：我不明白什么叫作"拿起"。
你：把你的手移到我说的地方，然后拿起它。
朋友：我不明白什么叫作"手"。
你：（叹气）这个东西在这里。（你指向朋友的手）
朋友：明白。
你：把你的手移到我说的地方，然后抓起它。
朋友：我不明白什么叫作"抓"。
你：像这样弯曲你的手指。（你演示、弯曲以及摊开你的手指）
朋友：明白。
你：把你的手移到面包那里，然后抓住它。
朋友：我不明白什么叫作"面包"。
你：这个东西在这里。（你指向面包）
朋友：明白。
你：把你的手移到面包那里，然后抓住它。
朋友：（把手移到面包那里，弯曲手指，然后摊开。面包无法移动。）
你：这简直是一个愚蠢的游戏！

这的确够蠢的！但是它非常接近编程的样子和感觉，特别是在刚开始的时候。

计算机就像你的朋友那样，如果你的定义不够明确，它就无法理解。记住：任何复杂流程的定义都需要特别的完整和清晰。

这就是编程的困难所在：一个歧义或偏题命令可以造成整个程序的失效。所以，代码必须从细节上精确表述。从这一点上来说，编程是一门无情的技术。计算机从不会为魅力或智慧所打动。一旦代码不完整或格式有误，那么就有可能会出现两种情况：要么你的应用瘫痪，所有数据都会消失；要么臭虫（bug，软件缺陷）出现，它的出现将会导致意想不到的或者不可预见的后果。如同数学一样，逻辑要么可行，要么不可行。

尽管如此，在编程这个领域里，编程问题不像数学问题那样有单一且通用的解决方案。在指定输入的基础之上，预期输出可以通过成千上万种方式获得。程序员必须基于可以使用的工具选择合适的编程方法。

计算机没有读心术，知道了这一点，你就应该开始学习如何下达系统可以理解的命令，同时你还应该学会如何清楚地为术语下定义，就像在之前的"三明治游戏"当中，在下达复杂的命令之前向朋友演示基本动作。

是什么让网络应用程序与众不同

我们现在有了编程的工作定义。它虽然简单，但是它让我们对目前应该做什么有了足够的了解。

尽管我想在网站上运行我自己编的程序，但是我对各种编程都不感兴趣。如果你曾经使用基于网络的电子邮件程序，比如Gmail、Hotmail、Yahoo Mail或类似的电子邮件程序，你就会明白我到底在说什么。这些程序不需要你费脑筋学习编程知识，在你的因特网浏览器上就能运行。简单到你无须下载任何软件程序,只需点开浏览器,输入网址,登录,接下来你就可以愉快地浏览网页了。

本地运行的软件和在网络服务器上远程运行的软件之间存在差异,知晓这一点非常重要。为了开发一个网络应用,你必须首先编写该应用,然后测试它是否可以运行。用自己的电脑就能完成所有的开发和测试工作。

如果程序能够运行,你就将它发送到"生产服务器",以便其他人也可以应用。因特网上的人无法从网络上登录你的个人电脑,所以,为了让其他人可以使用你的程序,必须将该软件上传到可公开访问的网络服务器。

也就是说,开发的流程有两个主要阶段:先进行本地编程和测试,然后将完成的程序推送到远程生产服务器上以获得实际应用。那么,现在让我们看看这两个阶段是如何运作的。

之前的 HTML 和 CSS 经验告诉我:它们是"愚蠢的",因为你无法让基本网页储存任何信息。

举个例子,你有一个显示着"你好,世界!"[6]的网页文档,你现在想把"世界"改为网页访客的名字。这个点子挺不错,但是基本网页没办法储存信息以备该访客下次访问。它们只会展示文档中的文本,而这个文档是不允许自我更新的。

如果要用一个术语来描述这种情况,我想应该是"状态"这个术语。使用 HTML 和 CSS 建立的基本网页是没有状态的,所以它们被称为"无状态"资源。你可以在网页上增加一个旁边有储存按钮的小方框并请访客填写姓名,但是该按钮实际上不会储存任何信息,除非你创建一个单独的空间来储存那些信息。

那就是为什么后续的网页应用都使用两种普遍的方法来储存数据:数据库和用户本地终端上的数据(cookies)。

数据库好似一叠索引卡片。例如，你想创建一个地址簿，那么你得获取每个朋友的姓名、电话号码、电子邮箱地址、性别以及年龄。

每个朋友都有他们各自的索引卡片，里面储存着他们的详细信息。例如，如果你的一个朋友改变了电子邮件地址，你可以把旧的邮件信息删除掉，然后更新该卡片，填入新的邮件地址。当打开某一个朋友的卡片时，你立即可以看到他的所有信息。

你可以把这一整叠索引卡片看成一个数据库，索引卡片可以称为"记录"。你可以在数据库中任意存放记录。但有一天你会发现这些记录变得难以管理。将这些记录进行细致分组，这不失为一个好办法。例如，把朋友和家人分在一组，把工作上的同事分为另一组。

这样不就清晰了吗？这就是它酷的地方：瞧，你的索引卡片具有了魔力！你可以和魔法卡片对话，并命令它根据不同的条件展示合适的卡片，比如：

- "向我展示 John Smith 的卡片"；
- "向我展示所有女性朋友的卡片"；
- "向我展示所有年龄超过 50 岁的人的卡片"。

这很有用吧！从本质上讲，这就是数据库的作用：它为你提供一种可以储存结构性信息的方式，以及一种检索那些你想要的信息的方式。

记录卡里的每一个数据都叫作"域"。你的数据库里面拥有的域越多，当你需要数据的时候，你拥有的检索方式就越多。

数据库是网络应用中储存数据最普遍的方式。当你想储存信息的时候，比如你要储存一个用户的名称、电子邮件地址以及其他信息，使用数据库是最合适的选择。一旦 John Smith 登录你的应用，你就可以命令应用从 John 的数据库记录当中检索他的姓名，然后显示"你好，John Smith！"

在网络应用当中储存信息的另一种普遍方式是通过用户本地终端上的数据：储存在用户计算机上的一个非常小的文本文件。数据非常适用于储存那些不需要长时间保存且量少的数据。

在我们的地址簿程序案例当中，当 John Smith 登录的时候储存一个数据是恰当的。John 的数据文档将包含类似这样的信息："用户名 =Johnsmith" 和 "登录 = 真"。如果 Smith 离开了该应用，下次重新访问的时候，应用就会识别出他的数据并欢迎他的访问（无须再次登录）。数据可以设定一个有效期，这就让这类程序变得非常有用。（如果你曾经在网站上看到"记住该密码"的功能，这就是它工作的原理。）

我们在这里所做的只是基本的解构。这不是解释网络程序因何独特的详细清单，它只是足以提供一个我需要学习什么的简单框架：变量、条件句、Exceptions 函数、本地/生产环境、数据库和用户本地终端上的数据。

那么，这一分解到底有多大用处？起初，我也不清楚怎么开头，到底要做些什么？然而现在，我已经拥有了一份具体的关键技能明细表。

尽管如此，我还没准备好开始。还记得我之前提到过计算机不懂读心术，无法理解人类的语言吗？我需要选择一种编程语言来编写程序指令，这还需要多做一点研究。

网络应用编程语言的选择

编程语言有成千上万种,而且每天都有新的语言被开发出来。每种语言的语法规则各不相同,而且深受语言设计目的性的影响。针对不同的任务,它们各具优势。

在开始之前,我花了1小时浏览一些主要的编程网站,看看网络应用开发人员推荐的语言。这一早期研究将会帮助我决定学习哪种语言,以及我需要练习哪些早期技巧。

Stack Overflow7 和 Hacker New8 是最受程序员欢迎的两个网站,为了学习最好的语言,我决定也去浏览一下。

Stack Overflow 是一个问答网站,在这里可以问"我如何做X"之类的问题。针对这些问题,经验丰富的程序员会给出他们的建议、方法,或者帮你修改错误。如果遇到棘手的编程问题,请登录 Stack Overflow 获取帮助吧。

Hacker News 是一个社会新闻网站,在这里有很多相关讨论的链接。Hacker News 上的主题不断变化,但通常都涉及编程、技术和业务这些领域。如果想搜索关于新开发的编程的观点,或者至少对观点一知半解,请登录 Hacker News 看看吧。

全世界的程序员每天都在创建新的语言、程序库和技术。一些技术和方法的集合体对某些问题非常有用,但是对于其他问题不见得有用。通常的情况是,你试过之后才知道。

在编程术语当中的"最佳"只是相对于你试图解决的问题以及你的特别优先事项而言。一般来说,我们的建议是选择可以让你有效地解决问题的工具;如果可以的话,你最好选择自己喜欢使用的工具。没错,就是这样。

浏览 Stack Overflow 和 Hacker News 的文档给我一种信息过

载的感觉：太多信息需要立即加工，特别是在你不熟悉那些术语的情况下。如果我想要找到更加具体的建议，那么我得摒除一些杂音。

这是一个大多数人都不知道的战术研究技巧：流行的搜索引擎可以让你把搜索限定在一个特定的网站，而不是整个网络。在谷歌上的搜索代码看起来是这样的：

"搜索短语"网站：example.com

将"搜索短语"替换成你想要搜索的术语，然后把"example.com"替换成你想要搜索的网站。该引号的意思是精确搜索匹配引号内的搜索短语内容。没有引号的话，谷歌会返回包含在该短语内的所有单词页面，但不一定是按照那个顺序。

我用这个技术试着搜索了几个短语变量："网络应用编程""编码学习"以及"编程初学者"。然后，我花了大概一个小时阅读搜索到的内容。

经验丰富的网络开发人员认为初学者可以先从两种常见语言中选择一种学习，比如 Ruby 或者 Python。这两种语言易于学习，使用广泛，口碑不错，是日后学习重要编程概念的基础。对于程序员而言，专注网络应用的 Ruby 更受欢迎一些，而 Python 则在科学、数学以及图形库领域更受科学家和数学家欢迎。

Ruby 和 Python 的优点是，它们已经了拥有大批活跃的开发者社区，学习者随时能够下载到大量的免费资源，也可以在市面上购买一些写得不错的参考书，此外它们有预先设置好的且更易于执行的程序和工具。所以，我认为选择合适的编程语言似乎是一个应该优先考虑的问题。

对我这个外行来说，我希望在一开始学习时进展顺利。我在看完大量不同语言的编程代码之后，我决定学习 Ruby。Ruby 代码更简洁、更具可读性、更易于理解，它涉及很多有用的知识和技术，这些知识和技术也有助于我将来学习别的编程语言。

此外，我打算学习的很多程序和工具都需要支持或要求 Ruby，尤其是 Jekyll，它是由 Ruby 编写的，所以学习 Ruby 可以帮我解决一个迫在眉睫的问题。其实，Python 也存在类似的工具，但它的操作方法看起来更加复杂。

框架选择

除了编程语言的选择之外，网络应用程序员对框架的选择也有自己独到的见解：代码程序库可以帮你更容易地完成大部分应用需要做的事。

程序库非常重要，因为计算机会完全按照你的程序要求去做。不多不少。

这还真棘手，因为你提供的编码对于一个计算机程序而言意味着一切。正如物理学家卡尔·萨根所言："如果你想从头做苹果馅饼，你就必须首先创造宇宙。"

程序的"宇宙"由以下内容决定：（1）编码库的指令和命令；（2）程序输入的程式库；（3）程序运行系统。如果完成给定操作的必要编码不存在于系统中，那么此时的程序将崩溃或返回一条错误消息。

大部分编程语言都包含大部分程序所需的常见程序库，但里面的专业工具非常少。这时就需要选择框架。从头开始编码会花费很长时间，然而，如果有一套框架的话，输入和使用可以得到测试，在完成专业任务时拥有可靠程序库。这样，就能专注于应用的核心部分，完全不必重新创造"宇宙"。框架的容量可大可小。有的框架包含许多功能和命令,这样一来,程序员的工作就轻松了许多。而有的框架小一些,只具备一些基本功能。

Ruby 现在有几个主要的网络应用开发框架,其中 Ruby on Rails[9] 和 Sinatra[10] 是最受欢迎的两个。

Ruby on Rails(经常缩写为 Rails)是为 Ruby 开发的最早的主要网络应用框架之一。它由大卫·汉森于 2004 年创建,并很快成为最受欢迎的框架,曾经为 37signals[11](一家私人控股的网络应用公司,汉森是合伙人)成功开发了几个口碑不错的应用。目前为止,数以千计的企业在使用由 Rails 开发出的大型关键业务的网络应用程序。

Rails 非常依赖"生成器",它是用单一命令创建大量样板代码的内置程式。样板代码可以根据程序员的不同要求做相应修正。有了 Rails,程序员无须从头开始花大量时间创建一个应用。只要他们知道接下来怎么做,费不了多少工夫就可以创建出一个功能性应用来。

Sinatra 则是由布雷克设计和开发的最小化框架。它不依赖生成器,更专注于为程序员提供大部分网络应用都需要的简单且常见的功能。

Sinatra 应用似乎比 Rails 应用更简单。Rails 的一个命令可以生成 10 个或 20 个,甚至更多的文档;而 Sinatra 应用常常只生成一个单一的文档,这样可以避免一堆可能需要删掉的代码。总的来说,它保持了项目的简单性,只增加必要的代码完成任务。

同语言选择一样,框架选择也需要根据个人喜好选择自己最合适的工具。Rails 更受需要一定数量程序员的大型项目的青睐,而 Sinatra 则更适合于小型项目。然而,它们之间也存在许多重叠的特征,所以,来自 Rubysource.com 的一份分析报告认为它们最终还是见仁见智的选择。[12]

GibHub 是许多程序员用于发布和维护项目的开源代码库，使用 Rails 和 Sinatra 编写应用的很多例子非常容易在上面找到，所以我又花了一个小时去浏览公共项目，想好好了解一下这两种框架。

这里有一个特别提醒：要想在编程方面取得进步，就必须专注学习。如果选定了合适的语言和框架，那么接下来学习其他相关编程知识时才会更顺利。但是，如果你为了追求所谓的"完美"编程环境而迟迟不做选择，那么你将为此荒废数年的宝贵时间。

与其浪费数年时间做毫无进展的"研究"，不如选择感兴趣的语言和框架，专注研究一段时间，权衡利弊。整天浏览 Stack Overflow 和 Hacker News 毕竟不是真正的编程。

最后，我决定从 Sinatra 开始学习。Rails 生成器倒是可以帮我节省很多时间，但前提是我得清楚接下来具体要做什么，遗憾的是我并不知道。

我的直觉告诉我，Sinatra 是此刻最好的选择。它简单且易于理解，语法还很清晰。Sinatra 应用当中存在的唯一代码就是开发人员增加的代码。框架是有据可查的，在 GitHub 上很容易找到应用程式的例子，同时在 Stack Overflow 上很容易获得帮助。

或许在将来的某一天我会尝试 Rails，但现在，我要从 Sinatra 学起。

解构最终结果

经过五个小时的初步研究，我想我已经做好了所有准备工作。我选好了网络编程解构、语言、框架以及具体的项目。是时候开始了！

我的目标是编写一个可以服务于 Jekyll 网站的 Sinatra 应用，听上去有一定水准吧！但是我需要解构一下语句内容，以弄清楚下一步该做什么。我必须怎么做？

经过一个小时的研究，我列出了需要完成的任务：

1. 运行 Jekyll，从本地静态文档中创建成品网站，并为该网站创建一个带特殊格式标记的 HTML 模板，再在 Personal MBA.com 上发布文档帖子（保罗·斯塔马蒂奥[13]的教程中有相关方法描述）。
2. 用 Sinatra 处理来自网站访客的请求，然后发送所请求的文档。（我需要从头开始编写该应用。）
3. 把完成的 Jekyll 网站和 Sinatra 服务器应用上传到一个网站主机。
4. 为了完成所有任务，我需要弄清楚如何在我的计算机上安装最新版本的 Ruby、Sinatra 以及其他我需要的程序。

第四个任务要求大家获取关键工具。如果我无法弄清楚如何在我的计算机上安装 Ruby，我将无法进行后续步骤。所以，安装 Ruby 应该是第一步。

> 需要注意的是：网络技术日新月异，当你读到本章节时，里面所提到的一系列特定命令符很可能已经过时。别担心：重要的是方法，而不是命令符。
>
> 本章节提到的这些代码符号的确复杂得让你无法立即识别出它的意思。你很可能有一种想跳过它们的冲动。

> 但是，我希望你打消这股念头。我和你一样不熟悉这些陌生的名字、命令和符号。在这一章里，我不但要帮助你弄清楚这东西，而且还会告诉你如何使用它们。请你试着阅读这些代码符号，你一定会从本章节中获益的。
>
> 加油吧！

Ruby 升级

有电脑才可以学习编程。我已经拥有一台电脑，这是个好的开始。

我目前使用的是苹果公司的 MacBook Air，它运行的是 Mac OS X 10.6 操作系统。查阅资料后，我发现该操作系统已经预先安装好了 Ruby 1.8.7 版本。这无疑是个好消息，因为从理论上讲，我可以立即在我的电脑上运行 Ruby 程序。

问题是，Ruby 1.8.7 不是 Ruby 的最新版本。当我试图安装 Jekyll 的时候，系统提示我该程序要求的最低版本是 1.9.1。也就是说，我必须升级，得上谷歌去搜搜看。

谷歌搜索后的结果显示有两个比较容易安装和管理 Ruby 的程序：rbenv 和 ruby-build。这两个程序均由萨姆·斯蒂芬森进行维护，他是 37signals 的一名 Ruby 开发人员。这些程序可以帮助我安装 Ruby 新版本，并告诉我的电脑应该使用哪个版本的 Ruby。

rbenv 的安装说明文档[14]里展示了如何将该程序安装到计算机当中。安装命令符看起来是这样的：

```
$ cd ~
$ git clone git://github.com/sstephenson/ruby-build.git
$ cd ruby-build
```

```
$ sudo ./install.sh
$ cd ..
$ git clone git://github.com/sstephenson/rbenv.git .rbenv
$ mkdir -p ~/.rbenv/plugins
$ cd ~/.rbenv/plugins
$ git clone git://github.com/sstephenson/ruby-build.git
$ echo 'export PATH="$HOME/.rbenv/bin:$PATH"' >>
 ~/.bashprofile
$ echo 'eval "$(rbenv init -)"'>> ~/.bashprofile
$ exec $SHELL
$ rbenv install 1.9.3-p125
$ rbenv rehash
$ rbenv global 1.9.3-p125
```

这些符号看起来怪吓人的，它其实只是一个命令列表。让我们把它拆解一下。

这些命令被输入一个叫作终端的程序当中，这个终端在苹果电脑中已经预先安装。如果你曾经在电影当中看到过黑客疯狂地敲打键盘，电脑随后显示出一串又一串的文本信息，这时的电脑就是在运行一个终端程序。[15]

我打开终端并输入第一个命令：

```
$ cd ~
```

这个命令很容易理解。$ 就是终端显示，它已经准备好接收新的命令。cd 是"改变目录"的缩写，它是文件夹的另一个术语。查阅资料后，我知道"~"是"用户的主文件夹"的缩写，也就是我的电脑中用于储存用户配置文件的文件夹。

我输入命令，然后按下回车键。此时，终端显示如下：

```
joshkaufman $
```

太好了，我已进入我的主目录。目前来说非常不错。于是，我输入了第二个命令：

```
$ git clone git://github.com/sstephenson/ruby-build.git
```

屏幕显示如下：

```
git: command not found
```

似乎我的计算机没有安装程序 git。接下来，我得弄明白如何安装 git 这个程序。

什么是"Git"

在搜索如何把 git 安装到 Mac OS X 时，我发现了 Heroku Toolbelt。[16] Heroku[17] 是一个网络应用服务器主机公司，主要为创建网络应用的开发人员提供更方便的服务。

Heroku Toolbelt 是一个程序，该程序主要负责安装程序员需要的一些常见软件开发工具，以便在 Heroku 上开发应用。Git[18] 就是那些程序中的一种。

我下载了安装包运行，然后收到一条"所有设置均已完成"的确认信息。于是，我又试了下该命令：

```
$ git clone git://github.com/sstephenson/ruby-build.git
```

然后我获得以下输出：

```
Cloning into ruby-build...
remote: Counting objects: 1004, done.
remote: Compressing objects: 100% (453/453), done.
remote: Total 1004 (delta 490), reused 937 (delta 431)
Receiving objects: 100% (1004/1004), 108.77 KiB, done.
Resolving deltas: 100% (490/490), done.
```

成功！"done"是一个积极的信号。我没有收到任何错误消息，继续前行！

我继续输入剩下的命令。根据安装说明，接下来我要做的是下载必需文档。使用 echo 命令自动增加一些文本到我的计算机的配置文档当中，然后重启计算机的 SHELL 程序进行更新储存。SHELL 重启之后，rbenv 和 ruby-build 完全安装完毕。耶！

现在该安装 Ruby 的最新版本了：

    $ rbenv install 1.9.3-p125

该程序自动下载 Ruby 源代码，然后进行生成。在这个过程当中，终端程式吐出数量惊人的滚动信息。（现在我开始觉得自己像一个真正的好莱坞程序员。）[19]

    $ rbenv rehash

来自文件的该命令帮助计算机识别所安装的 Ruby 新版本：

    $ rbenv global 1.9.3-p125

该命令将这台计算机上安装的 Ruby 默认版本设置为 1.9.3-p125。安装说明提示我运行这个命令来确认我的计算机正在使用最新的版本：

    $ ruby -v

以下是我获得的输出：

    ruby 1.9.3p125 (2012-02-16 revision 34643)[x8664-darwin11.3.0]

成功了！这就是根据安装说明所应该得出的结果。

根据该文件，如果我想要在这台计算机上安装 Ruby 新版本，我只需要再次运行 rbenv install、rbenv rehash 和 rbenv global。真够容易的！

这些命令在刚开始时似乎很吓人，但它们实际上非常简单。看起来毫无意义的数据只是缩写而已。一旦知道了这些缩写的意思，命令本身就很容易理解了。

记住,没有人天生就会这些东西。大多数时候,你需要做的只是花几分钟时间阅读这些文件,然后按照它们所说的去做就行了。[20]

程序库安装(gems)

既然现在已经安装好了 Ruby 最新版本,那也就该弄明白如何安装包括 Sinatra 在内的我所需要的程序库了。

Ruby 程序库叫作 gems,非常容易安装。安装 Sinatra gem 的命令如下:

```
$ gem install sinatra
```

Sinatra 的升级命令如下:

```
$ gem update sinatra
```

没有比这更容易的了,不是吗?

当然,在安装程序库之前,我要确保 gem 程序是最新版本的。鉴于我的电脑之前安装的是旧版本的 Ruby,看来相关软件也需要再次进行更新。

经过一番搜索之后,我找到了更新 Ruby gem 的程序:

```
$ gem update--system
```

这看起来相当容易。

在运行 gem 安装命令的同时,我注意到该命令还安装了别的 gems,比如 rack, rack-protection 和 tilt。我们把这样的程序库叫作"依赖项"。Sinatra 依赖它们运行,所以 gem 的安装命令会自动安装它们。

埋头读书

我即将运行 Ruby 应用,在这之前我决定阅读一下 Stack Overflow 强烈推荐的两本大众参考书:David A. Black 的 *The Well-Grounded Rubyist* (2009) 和 Russ Olsen 的 *Eloquent Ruby* (2011)。两本书都是初级读本,主要介绍 Ruby 的常见概念和技术以及基本参考文献。

我也购买了 Alan Harris 和 Konstantin Hasse 的 *Sinatra: Up and Running* (2011)。这本书主要是对 Sinatra 框架的基本介绍。虽然 Sinatra 在网络上已经有很多可供查阅的资料,但是该书包含了很多例子,这就让人更加容易弄明白如何将 Sinatra 应用到常见任务当中。

在浏览书本的同时,我也发现了几个 Ruby 语法的参考网站:

- The Official Beginner's Guide to Ruby[21]
- The Ruby Refresher[22]
- Ruby Security Reviewer's Guide[23]

这些参考资料非常丰富,于是我决定花 90 分钟的时间快速浏览一下。

翻开书,先快速扫描目录和索引,然后记下重要术语、观点、重复出现的概念以及说明顺序。标题和侧边栏也在我的阅读范围之内。之后,我对网站也以同样的方式进行了预览。

除了学到变量、条件句、exceptions 函数和其他编程基础外,我还了解到 Ruby 是围绕两个核心进行创建的:对象和方法。

对象是"编程世界"的名词,是我们做事的目标。假设我想要在 Ruby 上创建一个叫作 firstname(名字)的新变量,并且让它包含我的名字。在 Ruby 上的命令好像就应该是这样：

```
firstname = "Josh" (名 = "Josh")
```

做起来相当容易，只需把"Josh"放到引号里，我正在告诉 Ruby，firstname（名）是一个字符串（string）：一个字母数字序列。那就让 firstname（名）成为"字符串（string）"类的对象。（一个类别只是一个特定类型的带有某些特征的对象。）

字符串不是对象的唯一类别。以下是整数类的一个对象：

```
Million=1000000 (100 万 =1000000)
```

如果对象是编程中的名词，那么方法就是动词：它们就是让我们可以完成对象的东西。

假设我有两个包含我的名和姓的字符串对象：

```
firstname = "Josh" (名 = "Josh")
lastname = "Kaufman" (姓 = "Kaufman")
```

我可以使用一个加号（+）来连接这些字符串，这是"将它们放在一起"的一个特别方法：

```
fullname = firstname + lastname (全名 = 名 + 姓)
```

考考你：fullname（全名）包含什么？如果你猜是"Josh Kaufman"，那你就错了。

记住，计算机只会完全按照你告诉它的去做。我们没有告诉计算机要在"Josh"和"kaufman"之间添加一个空格，所以它不会添加。它只会认为 fullname（全名）是"Josh Kaufman"。

如果我们想要纠正这个小错误，我们得修改代码，添加一个空格：

```
fullname = firstname + " " + lastname (全名 = 名 + " " + 姓)
```

这个"+"是一种方法，该方法如何运作取决于使用的对象。

如果我们把它应用到整数而不是字符串中,那么它的作用是加上而不是连接:

```
sum = million + million(总和 = 一百万 + 一百万)
```

sum(总和)等于多少?"2 000 000"

Ruby 内置的方法可以立刻帮你完成很多很酷的事情。假设我想看看我的全名反过来会是什么样子。不需要用手去弄或者编写我自己的小程序来反转那些字母,我只需要使用每个字符串对象都具有的反转功能:

```
fullname.reverse(全名.反转)
```

输出如下:namfuaKhsoJ

我还可以同时使用不止一种方法。如果我想要反转我名字里的字母,并且同时把所有的字母转化为小写,我可以这样运行:

```
fullname.reverse.downcase(全名.反转.所有字母转换成小写)
```

输出:namfuakhsoj

太简单了!

Ruby 代码很大一部分都似乎涉及对象、类别和方法、创建和控制。该语言有许多内置程度,而且 Ruby 极大程度地允许你随意创建、修正或取消对象、类别和方法,这也就赋予了该语言强大的功能性和灵活性。[24]

Ruby 的官方文件[25]包含所有可用对象和方法的明细表。看一眼就有种崩溃的感觉,但是你无须全部使用它们。绝大多数现在都是可以忽略的。你只需在必要的时候选择使用。

该文件还有另外一个优点:当你试图运行 Ruby 无法理解的事情,显示的错误消息会告诉你哪个程序出了问题。

假设我们要运行这个程序:

```
animal = "Zebra"（动物="斑马"）
number = 7（数字=7）
puts animal + number（字符串输出 动物+数字）
```

命令 puts（字符串输出）是表示 print（打印输出）的另一种方式。我们只是想要程序显示它认为 animal（动物）+ number（数字）的意思是什么。

当我运行这个程序的时候，输出结果如下：

```
TypeError: can't convert Fixnum into String from program.
```

（错误类型：无法将固定数字从程序转化为字符串）

```
rb:3:in '+'
```

在非计算机语言中，你不可以使用算术来把一个数字加上一个单词从而使其在某种程度上存在合理性，所以计算机显示了一条错误消息。这就好像用某个数字去除以 0，你无法做到，故程序停止运行。

为了解决这一问题，我们需要把数字转化为字符串，以便"+"法连接两个变量，而不是通过算术或者修正这个程序去做其他事情。

修正后的程序如下：

```
animal = "Zebra"（动物="斑马"）
number = 7.to_s（数字=7.to_s）
puts animal + number（字符串输出 动物+数字）
```

当我们运行这个程序时，得到输出"Zebra7"（"斑马7"）。内置的方法 .to_s 将数字 7 转换为一个字符串，所以 Ruby 可以使用连接。

我们也可以做完全不同的事情，比如：

```
animal = "Zebra"（动物="斑马"）
number = 7（数字=7）
```

```
number.times { puts "#{animal}" }（数字.次数{
字符串输出 "#｛动物｝"}）
```

输出如下：

```
Zebra
Zebra
Zebra
Zebra
Zebra
Zebra
Zebra
```

我们只使用了一个内置于 Ruby 的基本条件循环：数字.次数的意思是"执行这个程序 X 次，这里的 X 等于数字变量值。"如果我们改变动物或数字的值，输出也将改变。（是的，你可以通过修改这个程序来输出"wombat<袋熊>"10亿次，如果你真想那么干的话。）

注释和调试

我在阅读的过程中还发现了 Ruby 的另一个基本特征：注释。每次当你在一行程序的开头标上 #（经常被称为"磅字符"，或者比较不常用的"散列字符"），Ruby 就会将那一行解读为注释并跳过它。

在一条程序当中加入注释可以让它变得更容易跟进，因为你可以使用简明的语言来描述你想做的事。以下是注释到我的"Animal Print"（"动物打印输出"）程序当中的样式：

```
# Assign variables（# 变量赋值）
animal = "Wombat"（动物="袋熊"）
number = 1000000000（数字=1000000000）
```

```
# Print loop（# 打印输出循环）
number.times { puts "#{animal}" }（数字 . 次数
｛字符串输出 "#｛动物｝" ｝）
```

注释也是基本的故障排除方法：你可以一次性注释掉几行代码来隔离问题或错误。结合置于适当地点的 print（打印输出）或 puts（字符串输出）语句，你可以逐步跟进程序运行，确保一切都在预料之中。

经过总共 8 个小时的研究和安装，我现在运行着最新版本的 Ruby。我可以安装我需要的任何程序库，对 Ruby 程序的工作原理我也有了一个基本的了解。

值得注意的是，我实际上还没有进行过任何编程的操作。到目前为止，我一直做的只是研究，安装 Ruby 以及编写 Ruby 程序会是什么样子呢？

让我们探究更加复杂的程序。

交互式 Ruby（IRB）的检验

在研究 Stack Overflow 的过程当中，我发现了一个由 Rob Sobers 和 Zed Shaw 编写的一本叫《笨方法学 Ruby》[26] 的教程。该教程提供了简单的 Ruby 程序例子，要求你修正和运行，看看它们产生特定的结果，以此来学习 Ruby 是怎样运行的。如果你没有得到正确的结果，那么你的任务就是修正这个程序，直至你获得预期的结果。

这个"代码、测试、运行和调试"方法就是一种快速反馈循环的很好的例子。当你运行一个程序的时候，计算机会在几毫秒内告诉你它是否可以正常运行。如果你的代码存在缺陷，你可以修正它，接着再运行一次，在一分钟内测试几个变量。

《笨方法学Ruby》的前几章涉及Ruby的设置、基础文本编辑程序的安装以及如何运用IRB（在计算机上运行Ruby程序的一个程序）。

它是这样工作的：你把程序输入一个文本编辑器中，然后将其保存到文档（让我们把该文档的名称设定为program.rb.）。当你准备运行该程序的时候，把以下命令输入终端：

```
$ irb program.rb
```

IRB会运行这个程序并提供结果给你。它还会向你展示计算机达到那个结果的步骤，这对于调试非常有用。如果程序不正确，IRB会显示详细的错误信息。

《笨方法学Ruby》以变量赋值、基本算术、字符串操作以及基本条件语句作为开始，这些与我之前提到的例子类似。对于基础知识的学习，它是一种非常具有结构性和逻辑性的方法。

在尝试编写我的第一个"真正意义上"的程序之前，我原本的计划是先读完Eloquent Ruby和The Well-Grounded Rubyist，然而完成《笨方法学Ruby》里面的所有练习。虽然只有10课，然而，我注意到了一件重要的事情：我越来越焦躁不安，而且正在失去兴趣。

我好像正在复制另外一个人创建的程序，并且正在解决另外一个人所定义的问题。问题来了：编程开始变得像是一种学术活动，而不是一项有用的技能。我需要跳出研究模式，进入实施模式。

在开始编程之前，我不需要读完所有的书籍、课本、教程和其他我已经收集的资料。我需要立即开始编写真正的程序，如果遇到任何问题，再参考我准备的资源。

是时候行动了……

应用 #1：Sinatra 的静态网站

对于我的第一个网络应用，我已经有了一个想法：服务于基本 HTML 网站的 Sinatra 应用。以下是这个应用的目标：

1. 创建一个 Sinatra 基本工作应用，它可以把简单的网站传输给终端用户（读者）。
2. 在计算机上测试该应用，以确保其可以正常运行。
3. 将这个应用部署到 Heroku 的生产中，让它"活起来"，以便可以被真正的读者使用。

就这样，没有花哨的功能，只是一个可以在公共服务器上运行的一个非常简单的 Sinatra 程序。

那么我该从哪里开始呢？让我们回顾一下在第二章总结过的学习备忘录：

- 选择方向
- 集中精力
- 制定目标
- 分解技能
- 获得工具
- 扫除障碍
- 腾出时间
- 及时反馈
- 计时训练
- 数量速度

我已经有了一个明确定义的目标，也解构好了该项技能，并且我知道这个程序完成之后会是什么样子。接下来该说说关键工具，完成这个项目是否需要一些我还没有的工具？

是的，我还差一个 Heroku 账号。这很容易解决，我只需访问 Heroku.com，注册并验证我的电子邮件地址，然后创建密码。

由于我下载了 Heroku Toolbelt（我用来安装 git 的程序），Heroku gem 已经在我的计算机里面，所以这方面也没问题了。

根据说明提示，我还需要做最后一件事情来让我的计算机能够与 Heroku 交谈，生成叫作"SSH 密匙"的东西，一份类似密码的特殊文档。一旦有了密匙，将它上传到 Heroku，以便系统可以识别我的计算机并授予访问权限。

幸运的是，Heroku 对于如何做这个有详细的讲解。[27] 我运行这个命令来生成密匙：

```
$ ssh-keygen -t rsa
```

……将这个命令输入 Heroku：

```
$ heroku login
```

……然后这个命令把密匙添加到我的 Heroku 账户：

```
$ heroku keys:add
```

太好了，我登录进去了。现在我该如何编写应用呢？

基本应用的创建

浏览一下 Heroku 的文件。很好，有两个提示看起来很有用。

- "在 Heroku 上开始 Ruby。"[28]
- "部署基于架构的应用。"[29]

看来我需要这样做：

1. 在我的计算机上创建程序文档；
2. 把它们增加到"git 仓库"（不管它是什么……）；
3. 使用命令 git push heroku master 把完成的应用发送到 Heroku。

幸运的是，Heroku 的讲解里有一个关于 Sinatra 应用的例子！这比我想象的还要容易……

我在计算机上创建了一个"根"文件夹。程序中的每个文档都会储存在这里。

接着我打开了我的文本编辑器（我使用的是 TextMate30），并根据以下指引创建了三个文档：

```
application.rb
config.ru
Gemfile
```

这个程序的核心在 application.rb。Ruby 应用总是以 .rb 结尾。

config.ru 用于设定架构的配置。记住，Sinatra 是在架构的基础上创建，所以拥有单独的一个配置文档也有其道理。"架构"档案以 .ru 结尾。

Gemfile 是定义程序使用哪个 gems（Ruby 程序库）的地方。你的程序将会只有一个 Gemfile，所以它一直被称为"Gemfile"。似乎相当简单。

文档的创建完成之后，Heroku 文件建议编写一个基本的"你好，世界！"程序来测试安装程序。application.rb 的内容如下：

```
require 'sinatra'  （要求'sinatra'）
get '/' do  （到达'/'执行）
```

```
    "Hello World!"（你好，世界！）
end（结束）
```

配置 .ru 的内容如下：

```
require './application.rb'（要求'./应用.rb'）
run Sinatra::Application（运行 Sinatra::应用）
```

Gemfile 的内容如下：

```
source 'http://rubygems.org'（资源'http://rubygems.org'）
gem 'sinatra'（Ruby 程序库'sinatra'）
```

代码不是非常多，很容易理解。

- Gemfile 命令服务器把用于运行程序的 Sinatra gem 包含在内。这个 gem（Ruby 程序库）可以从 RubyGems.org 中下载。
- config.ru 设置主应用，然后执行该程序。
- 一旦该程序开始运行，无论何时有人访问"/"（代表网站主页的一种速记方法），它都会显示"你好，世界"。

它真有那么容易吗？

讲解告诉我还有一件事要做：将文档储存到 git 仓储（有时候简称为"repo"）。我不是很确定那代表什么意思，但是我知道我已经安装 git，而且它们提供了如下命令：

```
$ git init .
$ git add -A
$ git commit -m "Initial Commit"
```

第一个命令在现有根文件夹当中创建了一个新的 git 仓库。命令 $ git add –A 表示把文件夹里的所有文档添加到 git 仓库，随附一条来自程序员并详细描述正在提交的是什么东西的信息。（我不太清楚"add（添加）"和"commit（提交）"之间的差别，所以我做了注释，以便迟一些对它们进行研究。）

输入这些命令之后，计算机的输出如下：

```
[master (root-commit) 8ed1099] Initial commit
3 files changed, 9 insertions(+), 0 deletions(-)

create mode 100644 Gemfile
create mode 100644 application.rb
create mode 100644 config.ru
```

似乎它可以正常运行。还有一件事：在 Heroku 创建一个新的服务器，然后把我的程序"推送"到那个服务器。

我运行以下命令来创建这个服务器：

```
$ heroku create
```

然后我得到以下响应：

```
Creating shielded-springs-2049....done, stack is stack
is bamboo-ree-1.8.7
http://shielded-springs-2049.heroku.com/ | git@heroku.com:shielded-springs-2049.git
Git remote heroku added
```

成功了！"Stack"对该服务器运行的软件进行了详细的描述，并且这条信息给了我这个服务器的公共 URL（统一资源定位器）。

这是最终命令：

```
$ git push heroku master
```

如果一切顺利，我将会正式地将我的第一个应用推送到 Heroku 的生产网站。

这是我得到的输出：

```
Heroku receiving push
Ruby/Sinatra app detected
Gemfile detected, running Bundler version 1.0.7
Unresolved dependencies detected; Installing.....
Using--without development:test
! Gemfile.lock will soon be required
```

```
! Check Gemfile.lock into git with `git add Gemfile.lock`
! See http://devcenter.heroku.com/articles/bundler
Fetching source index for http://rubygems.org/
Installing rack (1.4.1)
Installing rack-protection (1.2.0)
Installing tilt (1.3.3)
Installing sinatra (1.3.3)
Using bundler (1.0.7)
Your bundle is complete! It was installed into ./.bundle/gems/
Compiled slug size: 500K
Launching.....done, v4
http://shielded-springs-2049.heroku.com deployed to Heroku
```

现在，最激动人心的时刻到了……我打开一个网络浏览器，导航到 http://shielded-springs–2049.heroku.com，此时我看到以下内容：

"Hello, World!"（"你好，世界！"）

胜利！

警告，警告

这个程序可以正常运行，但是同时我也收到了一条警告消息。什么是 Gemfile.lock？

Heroku 的 Ruby 文件显示系统使用了一种叫作 bundler[31] 的程序库来把 gems（Ruby 程序库）安装到 Heroku。它是一种 gem，所以我可以通过以下命令来实现本地安装：

```
$ gem install bundler
```

Bundler 是必需的，因为 Heroku 不会默认安装任何 gems（Ruby 程序库）到你的应用。Heroku 会给我一些访问权限，但是其所给的水平绝对跟我在自己计算机上的权限不同，所以我无法直接在我的账户当中运行 gem install sinatra。

不是给我（或任何其他用户）处于危险级别的系统访问权限，相反，Heroku 使用 bundler 来安装 Gemflie 里面所指定的 gems。如果你已经确定你的应用需要安装的 gems（Ruby 程序库），请在你的计算机上运行以下命令：

```
$ bundle install
```

这个命令在你的程序当中创建了一个名为 Gemfile.lock 的新文档。当你上传文档到 Heroku 的时候，系统会测试 Gemfile 和 Gemfile.lock，确认它们是否安全，然后下载 gems(Ruby 程序库)，并安装。

当我推送程序到 Heroku 的时候，如果你看着输出，你就可以看到系统会自动安装 bundler。没有错误消息提示，相反，Heroku 的工程师在程序当中增加了一条 exception 函数，以便可以自动安装程序并且显示一个警告，而不是瘫痪掉。

系统这次可以正常运行，但是以后我在推送应用之前就得把 Gemfile.lock 添加到 git 程序库。幸好现在知道了！

Sinatra 走上舞台

既然我的简单应用已经启动并运行，我终于可以开始学习 Sinatra 是如何工作的了。Sinatra 的资料[32] 非常全面，而且有很多例子，所以我决定从它开始学习。

Sinatra 应用的核心叫作路径（route）。理解它的最好方式是多看例子。

基本的 Sinatra 应用具有一个单一路径，它包含小型网站的"root（根）"。因特网用户通常将网站的根视为一个网站的主页。

如果你访问 google.com 或 yahoo.com，你的网络浏览器会发送一个请求到 Google（谷歌）或者 Yahoo（雅虎）的服务器。这个请求叫作 GET 请求，而且它会叫服务器向你展示其根目录下的全部内容。计算机用于发送该请求的协议或格式叫作 HTTP，它的意思是"超文本传输协议"，也就是你经常在网址开头看到的 http:// 的意思。

GET 是 HTTP 请求的最常见类型，但它不是唯一的类型。这里有三个额外的 HTTP"动词"：

- POST — 发送资源到服务器
- PUT — 更新服务器资源
- DELETE — 删除服务器资源

如果你曾经在一个网站上推送过一条公开评论，你的俏皮话通过使用一个 PUT 命令来发送到服务器。如果你出错了并需要编辑评论，你的更新也是通过一个 PUT 命令来发送的。如果你认为这个评论非常愚蠢并且选择删除它，此时浏览器就会发送一个 DELETE 命令。

包含 GET、POST、PUT 和 DELETE 的 routes 是 Sinatra 应用工作的核心。你创建的每个路径都是条件语句："如果在路径 Y 上接收到一个 GET/POST/PUT/DELETE 命令，则执行 X。"

Sinatra 路径还可以包含变量，它们被称为参数。Sinatra 应用通常使用参数作为每个路径所包含的流程的输入。

让我们修正一下我们简单的 Sinatra "Hello, World!（你好，世界！）"应用，以便用名字称呼我们的用户。以下就是一个可以对其进行修正的路径：

```
get '/hello/:name' do
    "Hello, #{params[:name]}!"
end
```

你可以通过链接 http://first20hours.com/hello/name 看到实际效果。随意将"name（姓名）"替换成你的"name（姓名）"。真有效果！

这个应用允许服务器获取路径上在"name（姓名）"部分的内容，然后将其使用到应用当中。路径上的这个命令就是将"name（姓名）"参数展示给用户的一条简单指令。

Sinatra 允许你命名参数（比如姓名），同时它也有一个可以包含任何东西的"wildcard（通配符）"参数（也称为"splat"）。在我们修正后的"Hello（你好）"应用当中，它的用法如下：

```
get '/hello/*' do
    "Hello, #{params[:splat]}!"
end
```

这很酷。在命名参数和通配符之间，你可以创建一些非常智能化的路径。路径的创建方式决定了你的 Sinatra 应用的工作方式。

搞清楚如何编写能够让我达到目标的程序，我想这些资料已经足够。由于 Jekyll 创建的是应用作为对用户的 GET 请求的响应而发送的实际文档，我需要做的就是编写好路径，这些路径可以接受请求并在系统中找到正确的文档发送给读者。

根据 Jekyll 的资料，该程序会把已完成的网页放到根目录当中一个叫作"site（站点）"的文件夹里面。通向那张页面的路径由 Jekyll 自动生成。如果想要我们的网站的 About 页面出现在 http://example.com/about，我们需要在 Jekyll 文档当中设置一个 /about 路径，然后这个程序会在我们网站的根文件夹当中创建一个文档 _site/about/index.html。

也就是说，为了响应用户的 GET 请求，我必须使用 Sinatra 创建一个新的路径来读取文档。创建完成之后的路径如下：

```
# Index handler
get '/?' do
## File.read("_site/index.html")
end
# Post handler
get '/*/?' do
## File.read("_site/#{params[:splat]}/index.html")
end
```

File.read（""）是 Ruby 的内置命令。File 是一个对象，而 .read 是一种方法。它的使用相当直接：相对于应用的根文件夹，放置到（""）里面的内容就是你要程序读取的文档。非常简单。

如果万一这个文档不存在呢？那就会触发一个 exception 函数。Sinatra 具有两个内置的基本错误路径：not_found（未发现）和 error（错误）。让两条路径返回相同的错误页面：

```
not_found do
## File.read("_site/error/index.html")
end
error do
 File.read("_site/error/index.html")
end
```

所有其他东西保持原样。我不打算对 config.ru 或者我们的 Gemfile 做出任何更改。我只是增加新的路径到程序的 Git 仓库，提交更改，然后将更新后的程序推送到 Heroku。完成！

是否想看我们更新后的程序执行起来的实际效果？访问 Personal MBA.com：这个站点现在运行 Jekyll，而不是使用这个程序的 WordPress。通过使用一个叫作 seige 的加载测试程序，我的网站现在可以毫无压力地同时服务超过 2000 名的读者。大多数页面请求的发送时间在 18 ～ 25 毫秒之间，所以我的站点现在不会再次陷入因重压而崩溃的局面。

我的第一个工作网络应用是完整的。它花了我大概一个小时的时间去弄明白如何将我的网站信息和设计从 WordPress 转移到 Jekyll。

总共完成时间大约为 10 小时，其中包括我花在研究和编程概念回顾上的时间。还不赖！

应用 #2：Codex - 个人笔记本数据库

我的第一个应用工具表现得非常好。它非常简单有用。较少的运动部件意味着较少的瘫痪程序。

让我们看一些更加复杂的东西。

还记得我们之前讨论的数据库吗？基础网页不能自我更新，因为它们无法储存信息。第一个应用之所以那么有用是因为文档是静态的，它们不会改变。文档的任何改变都是通过 Jekyll 实现的，它是一个独立的程序。这个应用快速而稳定，因为它不依赖于数据库。

那么使用数据库的应用呢？数据库一般是网络应用的一大部分，所以我需要了解它们是如何工作的。为了学习它们的工作方式，我必须从一个依赖于数据库的项目学起。

Backpack[33] 是我每天使用的应用之一，它由 37signals 开发。Backpack 的主要优点是可以创建包含很多东西的"页面"：文本、明细表、图像和文档等。当你在 Backpack 的一个页面储存信息的时候，你稍后就可以在任何计算机上访问到它，因为所有的信息都已经储存在应用的数据库当中。

我想知道，我自己可以创建一些类似的东西吗？值得一试……但从何开始呢？

在研究 Jekyll 的时候，我读到了一篇由 Tom Preston-Werner（创建 Jekyll 的程序员）发表的叫作《自述文件驱动开发》(*Readme Driven Development*) [34] 的文章。有别于每几年就会轰动软件业一次的项目管理技巧，该文章旨在说明创建一个应用的最好方式，即做其他任何事情之前，编写一个自述文件。

一份自述文件就是和代码一起被程序员放到应用的根文件夹里的文档。该文档包含如何安装、设置以及使用程序等信息。

自述文件是非常重要的，因为许多程序都无法自我解释。一般而言，如果没有一些参考资料的话，那么要想弄明白如何使用一个程序就显得非常困难。挖掘代码并自己弄懂它的效率，不如阅读附有详细讲解的由原程序员编写的文件。

Tom 认为，在开始编程之前，你最好先写程序的自述文件。大多数程序员都是先编程，然后再写自述文件，那将错失良机。先写自述文件可以帮你弄清楚这个程序将会如何运作。与其说自述文件是一个资料工具，不如说它更像一个设计工具。

我觉得有道理。在编写《在家就能读 MBA》(*The Personal MBA*) 的过程中，我学到的其中一项产品开发技术就是先写销售文案，然后再进行营销，而不是先营销，然后再写销售文案。如果弄懂潜在买家的需求并将之整合到销售文案中，那么你会更加了解怎样的产品才可以吸引客户。市场研究能够反映营销的开发。

我在笔记本上记录好了我的应用应该完成的任务，以及这个应用所要达到的质量水平，具体内容如下。

- 这个程序是一个简单的参考和笔记应用。

- 该应用为独立的用户设计。
- 该应用使用 Sinatra 和一个数据库创建、保存、更新以及删除页面记录。
- 该应用允许用户创建具有花俏格式（如粗体、斜体和标题等）的页面。
- 该应用要求密码访问，并尽可能安全地把信息储存在数据库当中。
- 该应用程序看起来不错。
- 该应用可以很容易地部署到 Heroku 或者另一个类似的主机当中。

我打算把这个应用称为 Codex，术语"书本"的旧称，因为这个应用的主要功能就是储存参考资料和清单等。

这类应用的网络编程的专门术语是"CRUD"，它代表创建、读取、更新和删除。值得一提的是，这些功能和 GET、POST、PUT 以及 DELETE 基本是一致的，所以创建这类应用当然有可能使用 Sinatra 路径。最大的不同之处在于数据库的引进。

Heroku 有哪些可供选择的数据库类别？我不知道。这要回到资料文件当中去。

在默认模式下，Heroku 使用一种叫作 Postgres 的数据库。[35] 每一个新的应用都会默认得到一个小型的数据库。那对我很有用，但是该如何使用它呢？在计算机里又该使用什么工具来测试这些程序呢？

进入 DataMapper

为了回答这些问题，我决定搜索 Stack Overflow。现在的共识就是使用一个叫作 DataMapper[36] 的程序库让这类开发变得更加容易。

DataMapper 是一种叫作"对象关系映射"的程序，通常缩写为 ORM。[37] ORMs 能够为程序员解决一个迫在眉睫的问题：数据库经常使用它们自己的语言，这和程序员用来创建应用的语言有所不同。最常见的数据库语言叫 SQL，[38] 但同时也有数百种其他语言。

假设我们是 Amazon.com 的一名程序员，我们想展示哈利波特系列的作者 J.K. 罗琳的书籍清单。这个 SQL 命令可能如下：

```
SELECT * FROM Book WHERE author = "J.K. Rowling" ORDER BY title;
```

这个命令会检索书籍数据库当中含有 J.K. 罗琳的所有记录，然后按标题字母顺序将它们列出。

不幸的是，让 SQL 或任何其他数据库查询语言与像 Ruby 这样的语言很好的契合是非常不容易的。使用一种语言进行编程已经很困难了，更别提同时使用几种语言了。

这就是 ORMs 产生的原因：它们允许程序员使用一种语言编程，然后用 ORM 将它们转换为数据库的语言。这就简单多了。

DataMapper 是一种程序库，它让与使用 Ruby 的数据库的沟通变得更加容易。在默认情况下，DataMapper 提供了许多有用的功能用于创建、读取、更新和删除数据库记录。因为 DataMapper 的面世已经有一段时间，而且经过了全面测试，所以在大多数情况下，它比你自己编写的数据库代码更加可靠。

DataMapper 以一种程序的样式存在，它是这样安装的：

```
$ gem install data_mapper
```

虽然 DataMapper 是一个如此巨大的程序库，但是它也可以一块一块地进行安装。那就是一种叫作"模块化"的概念，而且它是好的编程的标志。以下就是安装所有个体程序库的命令：

```
$ gem install dm-core dm-aggregates dm-constraints dm-migrations
dm-transactions dm-serializer dm-timestamps dm
-validations
dm-types
```

不用安装整个程序库，你只需要安装你的程序将会用到的部分，这样就更加高效了。

使用 DataMapper

既然已经安装 DataMapper，我必须得弄懂如何使用它，以便于：（1）与一个数据库交谈；（2）设置这个数据库，让它可以储存并检索我所需要的信息。

基于 Heroku 的 Postgres 文件，以下命令可以让我的 Sinatra 应用与数据库交谈：

```
DataMapper.setup(:default, ENV['DATABASE_URL'] ||
    "sqlite3://#{Dir.pwd}/database.db")
```

在这种情况下，||是表达"或者"的另一种方式。ENV['DATABASEURL']是 Heroku 用来表示应用的数据库的变量。如果那个数据库不存在，它将会使用第二个选项，一个叫作 Sqlite 的数据库。[39]

Sqlite 默认安装在 Mac 计算机上，所以它可以随时使用。DataMapper 可以与 Postgres 和 Sqlite 交谈，如果我安装了这两个 Ruby 程序库的话：

```
$ gem install dm-sqlite-adapter dm-postgres-adapter
```

这就意味着，当我的应用在 Heroku 运行的时候，它使用的是

Postgres，而当它在计算机上运行的时候，它使用的是 Sqlite。无论使用哪种方式，我的代码都是一样的，虽然我的数据库说着不同的语言。这真是太酷了！

接下来，我该如何在我的计算机上运行这个应用呢？

Pow 函数

我在 Stack Overflow 和 Hacker News 上搜索如何在计算机上运行这种类型的应用的信息。幸运的是，有几个选项。当我输入一个命令到终端的时候，我似乎可以安装运行这个应用的程序库（比如 Foreman 或者 Shotgun），或者我可以安装一个让这个程序一直保持运行的程序。

程序采用的第二个方法是 Pow 函数，[40] Mac OS X 的一种零配置架构服务器。这个站点能够在一分钟内在我的计算机上设置本地开发主机。正合我意！

安装 Pow 函数需要 10 秒钟：它需要一个终端命令来下载和安装这个应用。一旦安装，你可以运行一个命令把你的程序连接到 Pow 函数，然后你就可以在计算机上运行 Pow 函数。

有一个叫作 Powder[41] 的 Ruby 程序可以让这个流程更加容易：

```
$ gem install powder
```

安装这个 Ruby 程序之后，你运行它来安装 Pow 函数：

```
$ powder install
```

然后你进入你的应用的根目录，并输入这个命令：

```
$ powder link
```

就是它了。我的根目录叫作"codex",所以我的应用现在可以通过我的个人电脑在 http://codex.dev 上运行了,而且我还可以测试我的作品。

如果我进行了变更,这个命令可以重启程序:

```
$ powder restart
```

非常容易!我现在准备开始创建。每天晚上我都留出一个半小时,而且我还会继续,直至完成。

编码、测试和修改

在这一点上,我打算描述我在做什么以及我是怎么做的。如果你想跟进的话,你可以在 https://github.com/first20hours/codex 看到完整的代码。

当这个应用完成之后,我想要的效果如下:

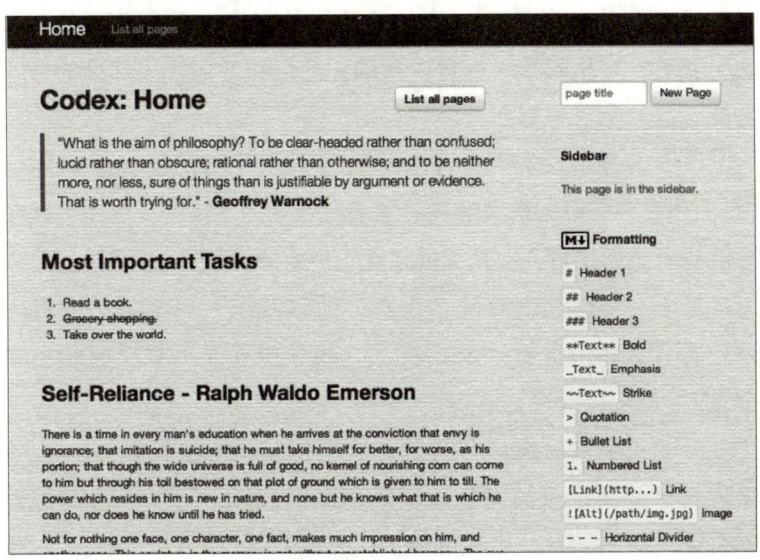

你将会注意到，这个设计共有三个部分：顶部的导航栏、主要内容区域以及侧边栏。我使用由推特开发人员 Mark Otto 和 Jacob Thornton 创建的引导程序（Bootstrap）[42] 把这些基本设计放在一起。

无须从头开始创建一个网络设计，引导程序（Bootstrap）是一个预先编写的免费使用的 HTML 和 CSS 程序库。使用引导程序（Bootstrap）可以节省大量的时间：你可以几分钟内把你想要的应用程序的基本原型放在一起，无须花费数天时间。

这个应用的基本单位是"页面"，它们可以显示储存在数据库的记录。页面的信息显示在主内容区。有一个按钮可以引导到显示数据库所有页面明细的屏幕。它的底部有两个按钮，第一个按钮让你可以编辑当前的页面，然后第二个按钮让你可以删除它。

侧边栏主要包含三个部分。首先，它的顶部有一个让你可以创建一个新页面的表格，这个页面需要标题。其次，它的侧边栏有一个用户增加的页面列表，其功能是作为快速参考部分。再次，它有一个格式参考，可以帮助用户记住如何使用常见的格式功能。

顶部的导航栏非常简单。它包含到达主页的链接以及到达"页面列表"屏幕的次级链接。如果我想的话，我迟一些还可以在导航栏上添加项目，但是我现在真正需要的就那些。

每个网络应用都有一个主页，所以我需要决定哪个主页应该包含什么内容。在这种情况下，我只想要显示数据库的主要记录。

所以一个页面应该包含什么呢？由于每个页面都是一个数据库记录，而记录拥有包含实际信息的领域，所以我需要告诉 DataMapper 应该建立哪些领域。代码如下：

```
class Page
    include DataMapper::Resource
    property :id, Serial
    property :title, String
    property :content, Text
    property :lastupdated, DateTime
end
DataMapper.finalize
```

这个代码使用 DataMapper 创建一种叫作页面的新型对象。Ruby 现在可以使用一个像任何其他对象那样的页面，并且我可以创建和使用建立、修正和删除页面的方法。当我对一个页面作出变更的时候，那个变更就会通过 DataMapper 储存到数据库当中。

如果这些领域不存在的话，那么命令 Datamapper.finalize 可以告诉应用在实际数据库里面建立它们。

既然数据库已经建立领域，现在该弄明白 Sinatra 将服务于哪些路径了。基于直到目前为止我所知道的，我的列表如下：

```
# Show home page
get '/'
# Creates new note from "new page" form
post '/'
# Displays requested note
get '/:url/'
# Edits requested note
get '/:url/edit'
# Saves user edits to note
post '/:url/edit'
# Deletes specified note
delete '/:url/'
# List all pages in database
get '/all/'
# Error handling
not_found
error
```

这是一份非常好的列表。我的应用将会围绕我为每条路径所创建的命令。

个性化需求，到处都是个性化需求

是否还记得我之前提到过数据库有点像一堆魔术索引卡片，你可以使用任何一种方式搜索到它们？我们需要一种搜索特定页面记录的方法，这就是为什么你在这些路径当中看到 url 的原因。该 url 参数的内容就是告诉数据库需要检索什么记录。

我们可以使用网页标题作为参数，但是这样做会有一个问题：我们不喜欢网址当中存在空格、字母和特殊符号（$ 和 %）之类的东西。网页标题可能会含有那些东西，所以你需要一种将它们摒除的方法。

网页的唯一标识符就是其中一种个性化需求（Slug）。[43] 我的网页个性化需求（Slug）将会基于网页标题，而且根据以下规则使网络地址变得友好：

1. 所有字母都是小写；
2. 没有特殊字符——都是字母；
3. 没有空格——所有空格都必须替换成破折号。

达到以上效果的方式就是创建一个接受网页标题的方法，然后将其转换成个性化需求（Slug）格式。棘手的代用必须由一种叫作正规表示式（regular expressions）的编程进行处理，它可以基于既定的规则在字符串内转换或查找文本。[44]

正规表示式（regular expressions）可以非常神秘，但这是一种常见的用法，所以我能够找到一个标准的例子。我的方法如下：

```
# Converts page name into post slug
def slugify(content)
  content.downcase.gsub(/ /, '-').gsub(/[^a-z0-9-]/,
'').squeeze('-')
end
```

现在我可以使用个性化方法转换一个字符串，比如说将"Page-Title"转换成"page-title"，让它适合用于网址。

另外，如果我们连同网页标题一起储存个性化需求（Slug），我们可以使用 :url 参数来检索页面记录。

我把这个领域增加到 DataMapper 类别当中：

property :slug, String

现在，无论何时创建一个网页，我们都可以"个性化"这个网页的标题，将其储存到数据库当中，当想要检索它的时候，我们可以使用它来显示页面。这就是应用程序知道应该展示哪个页面的方法。

创建页面

我从确定必需路径的明细表开始。"home（主页）"的路径非常简单：我将它重新导向 /home（主页）/ 个性化需求，因为我想要主页显示主记录。

"创建页面"路径连接侧边栏顶部的小表格。用户在表格当中输入网页标题，然后点击按钮。系统收到网页标题之后会将其个性化，然后在数据库当中保存标题、个性化需求以及创建时间。之后它会发送一个包含该个性化需求的 GET 请求以显示新的页面。

在"创建网页"的路径当中，有一个微小的细节相当重要：如果这个网页已经存在了呢？如果这个网页已经含有数据的话，我不想将其覆盖。意外的数据丢失是让人无法接受的。

幸运的是，DataMapper 使用内置的方法 .first_or_create 解决了这一问题。在创建页面之前，DataMapper 会首先检查它是否已经存在。如果页面存在，DataMapper 不会覆盖它，而且 Sinatra 会将浏览器重新导向已经存在的页面。问题解决。

"显示页面"路径读取 URL（统一资源定位器）的个性化需求（Slug），从数据库当中检索记录，然后在主内容区域显示信息。迟一些我会增加一些花哨的格式，但现在我只想要它可以工作。

编辑页面

编辑一个页面涉及两条独立的路径。第一条路径导向用户想要编辑的页面，然后将页面记录的内容显示在用户可以编辑的表格内。

为了显示这些页面，应用依赖于一种叫作 ERB 的模板语法，它基本上是 HTML+Ruby 命令。ERB 让程序员可以编写包含可更改元素的 HTML。因为 ERB 是在页面显示给用户之前对其进行加工，所以每一次加载页面的时候它都可以基于模板里面的 Ruby 命令来更改页面的文本。

编辑屏幕的储存按钮发送一个 POST 请求到升级页面记录的应用当中。

删除页面

删除页面需要注意一些事项：记住，意外的数据丢失是让人无法接受的。如果你打算删除一个页面，你必须百分百确定用户实际上确实想删除那个页面。

删除页面的错误方式就是将删除按钮直接连接到应用的 DELETE 路径，因为这种做法会删除页面，即使是因为用户不小心点击到删除按钮了。

更好的策略是使用一种两相流程。按下一个页面上的删除按钮会将客户导向一个确认屏幕，这个屏幕显示了用户想要删除的网页标题。如果用户想要继续删除，他们可以点击确认按钮，然后这个按钮会发送 DELETE 请求。如果用户不小心点击到删除按钮，他们可以点击取消或浏览器上的返回按钮。

页面明细表

"页面明细表"将用户导向 /all/ 个性化需求，这跟常规页面不同。

不是检索单一的记录，DataMapper 检索的是数据库中所有的页面记录。页面的 ERB 模板包含一种条件循环，这个循环可以为检索到的页面创建一份列表项。每个项目均包含页面标题，标题以链接的形式显示，并且包含那个页面的相关个性化需求。点击该链接可以将用户导向该个体页面记录。

第一次启动应用程序

我已经设置好基本功能，但是我又遇到一个问题：当我通过访问主页来测试这个应用程序的时候，我立即收到一条错误消息。该程序试图在数据库当中寻找主记录，但是它不存在，而我刚刚才开启了这个应用。

这个问题的解决方案就是使用一个叫作 Rake 的程序创建一个"一次性行政流程"。Rake 程序储存在 Rakefile，它位于应用的根目录当中。

Rakefile 就像常规 Ruby 应用一样工作，只有一个例外事项：它们存在于你的核心程序之外，而且你必须得手动运行命令。

在某些情况下，Rake 非常有用，比如说在正式运行实际程序之前增加默认信息到数据库当中。我将重要的文件 application.rb 复制到 Rakefile，然后输入一个命令，这个命令能够在数据库当中创建一个新的主页。之后我需要做的就是立即运行这个命令：

```
$ rake setup
```

Rake 创建主页记录之后，我的应用在启动的时候就不再提示发生错误了。当我把这个应用推送到 Heroku 之后，在我使用该应用之前，我将会远程运行 Rake 命令来设置数据库。

到这个时候，我已经设置好所有的主要功能。现在该加入一些有趣的东西了。

添加侧边栏支持工具

我刚刚意识到我没有依照原先的意图将增加页面到侧边栏的方法包含在内。这类功能需要一种叫作 Boolean 的数据类型，因为它只有两个值：页面在或不在侧边栏中显示。

我将这种数据增加到了 DataMapper 当中：

```
property :sidebar, Boolean, :default => false
```

我还在"是否添加侧边栏？"（连接到数据库的侧边栏领域）的旁边增加了一个复选框来"编辑"屏幕。然后我编写了一个简单的循环来搜索数据库的记录，如果 :sidebar = true，那么以列表形式显示它们，跟"列出所有项目"页面相似。

我重启该应用，编辑一个记录，然后整个应用瘫痪了。哎呀！

我尝试了一遍又一遍去弄明白到底哪里出错了，但是我始终未能成功。在结合 DataMapper 的资料和搜索 Stack Overflow 之后，我发现以这种方式使用 Boolean 变量不能很好地配合 HTML 格式。所以需要另外一条命令：

```
property :sidebar, Enum[ :yes, :no ], :default => :no
```

这基本上是做同样一件事的另外一种方式。代表"enumerate（列举）"的 Enum 创建了一个选项列表，而且这个表格设定了哪些选项应该储存到数据库当中。

添加 Markdown 支持工具

我现在想确保我的网页可以包含有趣的格式，像斜体、粗体文本和标题。

我已经选择 Markdown 作为格式语法，它是一种由 John Gruber[45] 创建的受欢迎和非常有用的小标记语言。作为用户，我已经熟悉 Markdown 的工作方式，因为我的计算机里面的一些应用程序有使用到这种语言。

稍微进行搜索之后，我发现 Markdown 有几个 Ruby 程序库。我选择了 rdiscount 程序库，而且我还将它应用到 application.rb：

```
require 'rdiscount'
```

Rdiscount 将使用 Markdown 格式编写的文本转换成 HTML：然后用户的网络浏览器使用适当的格式来显示那个文本。Markdown

文档本身没有任何特别之处：它们只是以某种方式编写的文本文档。

也就是说，在我将它添加入数据库之前，我不需要将页面信息转换成 Markdown，毕竟它只是一种语言。当我想要展示有趣的格式文本的时候，我需要做的只是调用 rdiscount。

这是做这项工作的命令，我已经将其添加入 ERB 模板当中以显示页面：

```
<% markdown(@page.content) %>
```

该方法将页面内容中的字段转换为 HTML，然后展示最终结果给用户。非常简单。

增加安全性

那关于登录信息呢？如果我将这个应用上传到 Heroku 而不要求用户名和密码，那么任何人都可以看到我储存在数据库的东西。

事实证明，现代网络浏览器支持一个叫作 HTTP 基本认证的安全协议，[46] 它是一种要求用户在操作之前输入用户名和密码的简单方式。如果用户不能提供访问权限，他们会被重新导向一个错误页面。

以下是在 Sinatra 上实现基本身份验证的代码：

```
use Rack::Auth::Basic, "Restricted Area" do |username, password|
    [username, password] == [ENV['ADMIN_USER'],
 ENV['ADMIN_PASS']]
End
```

在这种情况下，我将实际用户名和密码作为环境变量储存在 Heroku 当中，我可以使用终端命令设置这些环境变量。它让我可以在不同的应用当中使用相同的代码，以及向你展示这个代码而无须同时提供我的密码给你!

这也是为什么需要知道 Sinatra 是建立在框架结构上的语言的很好例子。有很多像 Rack::Auth::Basic 这样的程序库，我可以通过 Sinatra 来使用它们中的任何一种。最好不需要另起炉灶。

我还想增加多一道安全性：加密。我计划使用 rack-ssl-enforcer 添加 SSL 加密（跟银行用来确保它们的在线银行部分的私密性所使用的安全类型相同）到我的应用当中：

```
require 'rack-ssl-enforcer'
use Rack::SslEnforcer
```

这个程序库迫使网络浏览器使用一种安全的 SSL 连接来访问站点。Heroku 允许托管在 Heroku 领域上的应用程序默认使用 SSL，所以无须再进行设置。[47]

添加"Flash"消息

我还想添加最后一个功能：在你做完某事之后，网站会向你展示诸如"你的页面已经创建／编辑／删除"之类的小消息。这是如何做到的？

我闲逛了一下，发现了一个处理这种效果的叫作 sinatra-flash 的程序库。[48] 这些消息叫作"flash"消息，而且在进入下一个页面之前，它们会在用户浏览器的数据里面储存一点文本。当加载下一个页面的时候，应用程序会读取数据并将该消息展示给用户。

我添加了该程序库到 Gemfile 和 application.rb 当中，设定了我想要在恰当的路径上显示的消息，然后增加一些代码以便在我的 ERB 模板上实际展示那些消息。我的应用程序现在算是完成了。

代码完成

这是 Codex 自述文件的开头部分:

  Codex 是一个使用 Ruby 编写的简单的单用户参考网络应用程序。Codex 使用 Sinatra 和 DataMapper 来创建、保存、更新和删除来自一个简单的 Postgres 数据库的页面记录。该应用随时都可以在 Heroku 进行部署。

  Markdown 格式可以应用到所有页面当中,这就让它可以使用简单的标记来编写复杂的页面。所有访问的 HTTP 认证和强制 SSL 使你的信息保持安全性。Bootstrap(引导程序)样式使你的页面看起来干净而具有吸引力。

自述文件包含如何在 Heroku 上设置应用程序的详细指引。《自述文件驱动开发》是一个非常好的方法。

我总共花了 10 个小时的时间来建立 Codex。这使我在学习编程方面投入的时间达到了 20 个小时。(编写本章所花的时间比我编写实际应用所花的时间还要长。)

创建 Codex 之后,我参加了当地的一个 Ruby 程序员交流会,并自愿解释了程序的工作方式,反响非常热烈。我的编程凭借其整洁、紧凑、易于理解受到赞扬。其中一名参与者还说,我编写的程序的质量比他曾经见过的由专业程序员所编写的项目还要好。

任务完成。

愤怒机器

我想要澄清一些事情:我所描述的流程听起来非常线性化和

直截了当。那是因为直到目前为止我都在描述行得通的程序，而没有描述那些行不通的项目。

编写一个有用的以及可以运行的网络应用程序有点像把一个拼图放在一起，而同时又带有一些额外的挑战：你不知道哪些拼块存在，你必须得自己创建一些拼块，而如果你犯了一个错误，这个拼图就会爆炸。

这是我的编程流程实际看起来的样子：我首先会产生一个关于部分程序将如何运作的想法。我编写一些代码，测试它，然后它毁掉了这个程序。我会尝试修正它。有时候我的修改可以解决程序的问题，有时候却不能，而且有时它甚至会毁掉更多的东西。如果我被严重卡住，我会在 Stack Overflow 或谷歌上搜索错误消息或程序库。

当你仍然在学习各项技能的时候，你的应用程序瘫痪的次数比运行的次数还要多。你应该也已经了解到了一些事情的价值，比如说版本控制，它可以让你的代码返回之前可以运行的版本。

还记得我之前提到过我不是非常清楚 git 的作用吗？是这样的：如果你正在编辑文档，然后一些程序瘫痪了，你可能无法发现哪些程序出了问题。返回之前可以正常运行的版本是天赐之物和一种解脱。如果不能返回，你就只剩下恐慌了。

在我编写侧边栏的添加功能的时候，我把这个应用程序弄坏了。我试图找出哪里出了问题，但是我无法弄明白。如果我还有头发的话，我早就把它们拔光了。

就在那些时候，你意识到了 git branch 和 git merge: 的价值：你可以创建程序的实验性版本，然后进行修正。如果你的代码行得通，你可以将它合并到原版当中。如果你把事情搞砸了，你可以删除你的实验性版本而又不会丢掉之前所有的工作。

编程是一件艰难的工作，而且有数以百万计的方式将它搞砸。计算机是无情的，并且不需要承受恶意命令的痛苦。同样地，我们非常容易忽略一些会产生意想不到的后果的小细节。我曾经有段时间被一个软件缺陷整惨了，它把大量的空白记录储存到数据库当中，而且显示在"列出所有项目"的页面当中。

每一次我看到那个网页都会发现更多的空白记录项出现在列表中，而我却无法弄明白它们是怎么来的。结果是"列出所有项目"的路径存在一个缺陷：我使用了一个不正确的命令来检索数据库中的记录。

每一次我弄坏一些东西，都会学到一些东西。那就是编程的其中一个潜在好处。在所有的反馈循环当中，计算机是最快的。如果你做错了某事，你立即就能够知道。如果你做对了，你立即就可以看到程序运行的结果。如果你能避免将计算机扔到房间另一边的冲动，那就把你的计算机放在房间，即时反馈能使编程非常容易上瘾。

在开始进行这个实验的时候，我根本无法编程，而现在我可以了。我需要做的就是花费一些必需的时间来击败一些代码，而无论何时被卡住，我都会推动或进行一点研究。

我从我的努力当中获得了什么呢？一大堆。我学到了什么是编程，它是什么样子的，以及为什么它是有用的。我学到了怎么使用 Ruby 从头开始创建真正可以运行的网络应用，然后推送它们到生产服务器。我学到了 Sinatra、Heroku、Jekyll、DataMapper 和 Rake 的基础知识，以及其他我可以用来创建有用的新应用程序的多用途工具。我学到了如何排除错误和找到缺陷，然后解决它们。

方法回顾

让我们回顾一下我用来学习编程的核心方法。

- 我花费了一些时间去学习一般意义上的编程和网络应用是什么，然后将这些技能解构成更小的子技能，这些子技能更加容易理解和练习。
- 通过选择我想要创建的两个特定项目，我设定了目标，然后定义了那些项目完成之后的样子。
- 我把那些项目解构成更小的子步骤，然后识别哪些子步骤看起来最重要。
- 我确保自己拥有工作所需的工具（像最新版本的 Ruby），并且，我可以找到和使用任何我需要的额外工具。
- 我找到了一些编程信息的可靠来源，但是我跳过了录音的教程，而是更倾向于直接编写实际的程序。
- 我首先完成最重要的子步骤，比如弄懂如何在我的计算机上测试程序，以及如何推送已完成的应有程序到生产服务器等。
- 我从学习参考例子开始并建立信心，然后测试各种方法以弄懂如何编写我想要的功能的程序。
- 当我犯错的时候，程序会瘫痪，然后给我一条错误消息，从而创建了一个快速的反馈循环。
- 遭遇错误之后，我尝试了几种方法来解决它。如果我不能自己解决问题，我就搜索帮助。
- 我保持使用建立/测试/解决的方法直至我的程序完成。

总共花费时间：大约 20 个小时。其中 10 个小时是研究，然后剩下的 10 个小时是编写两个应用的程序,现在它们已完成并在生产当中。

接下来做什么

自从完成这些基本的项目之后我就一直继续编写应用程序,专注于那些能够使我的业务运营更加容易的程序。

我可以非常骄傲地说,我现在的整个业务都是在我自己创建的软件上运营。我的应用可以进行信用卡收费、设置订阅、发送电子邮件以及为我的客户管理网站访问。通过学习编程,我现在拥有了我自己的小型编程机器人部队来完成我的命令。

我编写所有这些项目花费了多长时间呢?总共 90 个小时,包括本章之前提到的 20 个小时。

这是额外的好处:无论何时我发现自己的业务存在重复或令人沮丧的领域,我就会开始以代码的思维进行思考。解决这一问题的程序将会是如何工作的呢?然后往往有一种方式来系统化业务流程,以便让我的日常生活变得更加容易些。

我也正在学习一些新的技巧,比如定制化我的计算机以使程序运行更快。我在文本编辑器当中学习键盘快捷键以便节省时间,而且我还将终端(Terminal)升级到了 iTerm2 和 Z-Shell,从而使编程更快一些。

我仍然在练习当中,而以任何标准来看我都不是一名专家。我必须得研究所有东西,并且我需要一些时间来解决问题、错误以及软件缺陷。这经常让人感到沮丧。

然而,我仍然在创建可以直接和可靠地解决实际问题的程序。这才是真正重要的。

我与计算机战斗,最终赢得了胜利。

第六章

触摸打字

学习心得：老习惯不一定很难改掉

> "如果你认为一件事是值得做的，你就应该努力去做，哪怕一开始做得非常糟糕。"
>
> —— 雷·康登

> 关于本章的补充图像、视频和评论，请访问 http://first20hours.com/typing.

直到现在，我都一直不忘尝试学习新技能，这些技能所属的领域是我之前几乎没有涉足过的。缺乏经验，对我来说就是第一个障碍，但是至少我的心思在学习上，丝毫没有造成任何不积极的干扰。

假如你正学着某项新技能，但与此同时你的大脑在拼命反抗，那么结果会如何呢？

有一些技能学习的例子非常引人注目。比如，老虎·伍兹曾经对他已经非常高超的挥杆技巧进行了三次重新训练。[1] 技能学习有时需要换一种新的、更好的方式去学习，即使在短时间内收效甚微，并且面临挫折和沮丧。

现代技术更新的步伐越来越快，这使得重新学习和训练变得非常普遍。如果你工作中常用的软件程序发生了改变或者有一种新的、更高效的程序诞生，你会怎么办呢？如果你的新工作要求使用新工具，你又怎么办呢？快速地重新学习技能与学习新技能一样，都非常重要。

我感到很好奇，如果为了新的收获而重新开展训练会是什么样的？

我开始把一些我已经学会的技能列出来，进行梳理。我的目标是找出：（1）我擅长的技能；（2）可以用不止一种方法实现的技能。没过多久，我就找到了一个具有前景的候选技能。

这个候选技能是什么呢？触摸打字，就是我们说的盲打。

键盘背后的生活

超级畅销书《搞定——无压工作的艺术》（*Get-ting Things Done*）的作者戴维·艾伦说过："如果你的工作需要使用计算机，那么学会盲打是最重要的一件事情，因为它能提高工作效率。"

盲打的临界阈值似乎是每分钟60个字（缩写是WPM），也就是说，如果你无法在1分钟内打出60个字，并且保证较低的错误率，那么你的工作效率就会大打折扣。如果能在文档输入上少花一点时间的话，那么你就会有更多的时间和精力去做更有价值的事。

我学会盲打至少有 17 年了，甚至更长。上学时，学校为每个七年级学生开设了打字课程。当时我觉得挺无聊的，因为我会盲打，所以不到几分钟我就把老师布置的作业完成了，我用剩下的时间去研究了一下文字处理器吐出的那些奇怪字符，比如段标志（¶）、段标记（§）和感叹号（！）。

我之所以学会了盲打，主要是因为我的大部分课余时间都花在了计算机上。我的打字练习的氛围是轻松随意的，我不会刻意地要求自己提升打字速度或准确性。我只是在使用计算机的过程中，不知不觉就学会了如何盲打。

不能说我的打字技巧有多好。只能说我的双手大部分时间都在整个键盘上飞舞，它们不会傻傻地停留在基键行（键盘中间那些按键）上。我的方法也许不如教科书规范，但至少我能够顺利完成盲打任务，这才是我最关心的。

虽然我的打字方式不是很好，但它很有用。我的工作需要长时间面对计算机，我现在完全可以快速、准确地进行盲打。

然而，我无意中看到一篇关于键盘布局选择（一种与 QWERTY（全键盘）不同的键盘安排）的文章。QWERTY 采用通用默认布局，每年生产的大部分英语键盘都属于这种布局（见图 6-1）：²

图 6-1

随着争议的不断增加，QWERTY（全键盘）被认为是一种可怕的、效率低下的键盘布局设计。相反，有的键盘按键被设计成了其他的布局，这些布局让用户打字更快、更准确、更省心。

长期累积的劳累是一个非常大的问题：打字可导致重复性压力损伤（RSI）以及腕管综合征等常见的手部和腕部疾病，这些疾病会随着症状的加重而恶化。虽然我尚未经历显著的此类症状，但是我有几个好朋友出现了类似症状，这可不是一个好消息。如果可以避免的话，我希望自己不要遇到这些疾病。

在未来的许多年里，我都有学习和实践编程的计划。除非语音识别或思想文本成为计算机的主要使用方法，否则在可预见的将来我还是会继续打字。学习如何以最高的效率打字最符合我的利益，虽然那会导致短期的困惑或不适。

再见了 QWERTY！我打算重新学习盲打。

QWERTY 布局如何成为通用的标准

与普遍观点相反，QWERTY 键盘布局的设计不是为了降低打字人员的速度。它的设计初衷是为了解决机械工程问题。

在文字处理器和计算机发明之前，机械打字机通过摇摆一个叫作连动杆的小型金属键使文字出现在页面上，这个连动杆紧紧围绕在一个汽缸上面。纸张和按键之间放置有一张色带。按键一旦击打到色带，色带接触纸张，这时在页面上就留下一个字母。"返回"的按键旋转汽缸，使纸张向上移动，打字人员便可以在新的一行继续打字。

C. L. 肖尔斯在 1868 年发明了他的第一个打字机，并创建了 QWERTY 键盘布局。肖尔斯并非发明打字机的第一人，在他之前至少有 51 位发明者试过设计、发明打字机。肖尔斯在前人研究成果的基础上，将许多打字机的特征整合到他的设计当中。[3]

肖尔斯的第一个打字机原型上的按键按字母顺序布局。当时的人们不敢想象用 10 个手指就能实现盲打。将按键以字母顺序进行布局能够确保未经训练的用户即使只会使用两根手指敲键盘，也可以敲到恰当的字母。

然而，该原型存在一个问题：当连动杆以很快的速度按下相邻的两个字母时，它们会黏在一起。考虑到英语当中最常使用到的字母是元音 AOEUI 和辅音 DHTNS。在一个按字母顺序布局的机械键盘上，S 和 T 正好相邻。如果一个连动杆向上而另一个连动杆向下的话，它们会卡住，打字员不得不停下来用手把连动杆分开。

为了摆脱这个长期烦恼，肖尔斯找到阿摩司·登斯莫尔老师帮忙。登斯莫尔对英语字母的使用频率进行了快速研究，为防止连动杆冲突，它把那些常见字母组合的连动杆布置到相反的方向。这个对策虽然没能完全解决这一问题，但至少有了明显改善。肖尔斯于 1872 年为这个设计申请专利。[4] E. Remington & Sons 是当时一家以生产武器而闻名的公司，这家公司于 1873 年买下了肖尔斯的专利。

后来，Remington 公司在设计上又进行了一系列机械改进，比如增加一个移动键，以便打字员可以在大小写之间切换。在 1874 年，QWERTY 打字机开始量产，意欲面向市场进行销售。

Remington 不是唯一一家销售打字机的公司。当时，还有像 Hammond 和 Blickensderfer 这样的公司提供极具竞争力的打字装置，这些装置各自具备其独特的键盘布局。

那时候，企业的记录和通信主要依赖书面备忘录。如果有人会打字的话，那么记录这些信息可以省下好多功夫。因此，为了销售顺利，公司不得不培训打字员来使用这个奇怪的玩意儿。

于是，一个有趣的现象随之出现：打字机公司自己招聘和培训打字员，同时还积极地扮演着中介角色。如果企业要招聘打字员，他们会找 Remington，因为这家公司在销售打字机的同时还会推荐打字员。

随着时间的推移，越来越多企业接受了打字机办公，QWERTY 也开始成为一种标准。没有人刻意决定，没有法律或者制定行政标准的委员会去规范，一个微妙的市场便形成了。这的确是一个好结果。

如果一家企业需要一台新的打字机和一个新的打字员，最有效率的办法就是在 Remington 购买一台新的 QWERTY 打字机，同时再招聘一个懂 QWERTY 操作的打字员。可见，Remington 在提供打字员和打字机这两方面都能很好地满足企业的需求。在 60 年的时间里，QWERTY 事实上已经成为标准，这使得键盘布局的竞争慢慢消失。短短几十年间，QWERTY 悄悄统治了世界。

竞争的出现：Dvorak（德沃夏克）

QWERTY 最初是为解决机械工程问题而设计的，而这个问题实质上早已不存在，那么键盘是否有更好的设计方法呢？于是在 1932 年，华盛顿大学的德沃夏克教授获得了由卡耐基教育委员会提供的 130 000 美元的项目研究经费，该经费用于键盘设计的研究，希望现有键盘设计可以得到改进。

四年之后，也就是 1936 年，德沃夏克为简化键盘申请了专利，他声称 Dvorak 键盘的布局远优于其他键盘的布局。这一声明的基础非常简单：Dvorak 将用户最常用的字母直接放到了手指下方的基键行之中（见图 6-2）。

图 6-2

最常见的辅音被放置于基键行的右边，而所有五个元音则被放置于左边。元音和辅音的这种布局很好地平衡了打字员左右手之间的输入负载，理论上降低了疲劳和提升了速度。

Dvorak 同时也声称这种布局很容易学会，并且会与培训大量打字员的机构组织（特别是美国军方的组织）一起研究和推广。然而，鉴于德沃夏克博士在研究成果中的经济利益，况且又是他自己单独进行的这些研究，许多支持性的研究成果被严重质疑。

美国总务管理局负责培训美国政府打字员，它在当时展开的一项独立调查显示：如果接受过 QWERTY 培训的人接受 Dvorak 的培训，需要超过 100 个小时才可能恢复到原先的打字速度。因此，这个总务管理局推荐以 QWERTY 为标准培训政府打字员。打字机生产商和企业随即闻风效仿。

Dvorak 键盘布局作为备选机器继续存在着，但遗憾的是，它不能作为标准，从这个角度上讲，它是失败的。虽然许多研究声称它比 QWERTY 更有效率，但是它无法改变现状。Dvorak 键盘布局在竞争中苦苦挣扎了几十年，却永远是一个遥远的第二号。

一个新的挑战者出现：Colemak

虽然大部分打字员热衷于 QWERTY，但 QWERTY 和 Dvorak 并不是英语键盘仅有的两种布局。在几十年间，很多发明家和键盘爱好者陆续对键盘仅有进行过不同程度的布局创新，然而，绝大多数这样的替代性布局未获得广泛认可。直到 2006 年，一个全新的键盘布局开始吸引部分敢于尝鲜的打字员的注意，这在很大程度上要归功于因特网的出现。

故事是这样的：计算机程序员 Shai Coleman 决定尝试键盘布局设计。他要设计一种与 Dvorak 效率相当的布局，但是这种布局又更加易于学习。

Dvorak 有一个问题：它改变了一切。因为 Dvorak 里面的每一个单字母按键都与 QWERTY 不同。如果你之前学习的是 QWERTY，而现在又想学 Dvorak，那么你得完全从零开始，这简直就是一场噩梦。

更糟糕的是，既然计算机是主要的打字工具，那么使用快捷键来完成重复的任务也是常见的事情，比如说保存、剪切和复制文本等。如果你习惯了某些键盘组合在某种情况下的工作方式，Dvorak 就显得极不协调，不仅所有字母的位置改变了，而且所有的快捷键也不同了。

Coleman 则加入大量英语文档的计算机分析，尽可能多地保留相同的键盘快捷键。键盘的左边以及大部分基键行的按键保持原样不变，只是对最重要的按键位置做了改变。Coleman 的算法支持了大部分变更，只剩下几个模糊的按键，需要主观判断。

最终，被 Coleman 命名为 Colemak 的新布局在标准 QWERTY

布局基础上对其中17个按键做了变更。数据显示，它比QWERTY更加高效，比Dvorak效率稍高。而更具前景的是，因为Colemak没有改变太多按键，所以QWERTY用户学习它们也可能更为容易。

Coleman创建了一个网站colemak.com，这个网站包含了这种新布局的详细信息以及安装说明和学习指南。与Dvorak为了推广自己的布局而需要与大型机构面对面会谈所付出的昂贵代价相比，因特网使Colemak的宣传成本变得相当低廉。

虽然Colemak在最受欢迎的英语键盘布局中目前排名第三，次于QWERTY和Dvorak。但是，对于这种由一名键盘爱好者开发、发展时间还不超过10年的布局而言，取得这样的成绩已经很不错了。现在，这个布局默认与大部分新的计算机操作系统捆绑在一起，已经拥有来自全世界成千上万的用户。

如有疑问，测试

随着这些替代性键盘布局的面世，你如何决定哪种最适合自己呢？

很简单，测试它们！

现代编程技术让各种硬数据的收集变得更加容易，它可以通过不同键盘布局得以实现。不需要手动测试和收集数据，只需一种程序就可以帮你分析键盘布局。这种程序叫carpalx，[5]它由英国哥伦比亚基因组科学中心的程序员Martin Krzywinski创建。

创建carpalx的目的是对一种布局进行随机模拟，并轻松给出给定模型的参数。也就是说，carpalx通过在样本文本上运行各种键盘布局来自动测试它们的效率。

Kyrzwinski 利用 carpalx 设计了他自己的布局。他将它与 Colemak、QWERTY 以及 Dvorak 三种布局进行比较，生成了非常巨大和全面的比较数据。他发现：[6]

> QWERTY 在这里是一个大输家，因为 Colemak 在基础努力方面（+193%）、大描边路径（+36%）以及惩罚（+16%）方面都有不同程度的增加。Dvorak 是 QWERTY 的改善品，所以 Dvorak 和 Colemak 之间的差异更小些。
>
> 和 Dvorak（71%）相比，Colemak（74%）更加充分地利用了基键行，而 QWERTY 对基键行的利用率只有 34%。Colemak 对底端行的利用率只有 9%，和 Dvorak 一样。
>
> Colemak 在手用中更加平衡，对右手有 6% 的倾向（Dvorak 对右手有 14% 的倾向，而 QWERTY 对左手有 15% 的倾向）。
>
> Colemak 在保持双手的交替方面做得很好。Colemak 和 Dvorak 更加充分利用了小指。Colemak 有 16% 的时间在使用小指（Dvorak 有 18%，而 QWERTY 有 10%）。Colemak 更擅长于负载较强的手指（食指和中指），有 67% 的时间都在使用它们。这比有 60% 的时间在使用它们的 Dvorak 要好，但比不上有 69% 的时间在使用它们的 QWERTY。

Krzywinski 的数据告诉我们：与 Colemak 键盘相比，在 QWERTY 键盘上打字所需要的体力几乎增加了一倍。Colemak 同样也稍微优于 Dvorak（这令人印象深刻），因为 Colemak 只是对标准 QWERTY 布局中的 17 个按键进行了改变，而 Dvorak 改变了 24 个。

基于上述分析，我打算学习 Colemak。因为它并没有完全改变那些常用快捷键，我学起来不会费劲儿。

那么，接下来我需要做什么呢？

Colemak 看起来是什么样子

以下是 Colemak 键盘布局的示意图（见图 6-3）：[7]

图　6-3

除了改变了大部分常用字母按键的位置，Cloemak 还将 Caps Lock 按键设定为第二个 Delete 按键。这个改变是 Colemak 最大的创新之一。没有人（除了"互联网巨魔"）会经常使用 Caps Lock 按键，但是它占据了最好的位置：左右小指很容易到达，而且它正处于基键行 A 键的旁边。

将 Caps Locks 改变为 Delete 后，Colemak 打字员无须将他们的右手移开基键行去点击位于键盘遥远的右上方的 Delete 按键，这节省了大量的工夫。相对于 QWERTY，这个改变减少了手指 15% ~ 20% 的移动距离。你越多地使用左手小指去修正错误，Colemak 就变得越有效率。

如何开启 Colemak 模式

对于计算机而言，改变键盘的布局是一件很容易的事情：它只需要提示计算机使用另一个布局文档,就是把一种键盘语言切换到另一种键盘语言。在计算机的"系统偏好设置"主面板就可以完成这一设置。Colemak 包含在 Mac OS X 操作系统当中,版本是 10.5,所以无须安装任何东西。[8]

另外,一些键盘,比如 TypeMatrix 2030,[9] 它的硬件本身就支持 Colemak。无须配置计算机以识别 Colemak,键盘会将 Colemak 的键击转换为 QWERTY 字节,以便正常的字母显示在屏幕上。你可以使用 Colemak 进行输入而根本无须改变计算机上的任何东西,只是需要花费大约 100 美元去购买一个漂亮的人体工学键盘。[10]

改变计算机的设置是一件很容易的事情。但你可能会遇到一个小麻烦:由于大部分英语键盘都默认采用 QWERTY 键盘,切换到 Colemak 的话,就意味着按键上印刷的字母无法对应出现在屏幕中的字母。如果你经常输入奇怪的字符串(比如复杂的密码),那将导致混乱。那么,如何找到一个合适的 Colemak 键盘呢?

通常有两种办法:你可以买一个空白的键盘,或者将一个 QWERTY 键盘转换成 Colemak 格式的键盘。

诸如 TypeMatrix 2030 这类键盘支持 Colemak 版本。当然,如果你愿意买一个新键盘的话,那就非常容易地解决问题了。可这招对我的用处不大,因为我用的是笔记本电脑,键盘是内置的。

改装键盘

幸运的是,从苹果键盘上取下按键非常容易。然后,我可以对它们重新进行安排,这丝毫不会损坏我的电脑。由于苹果使用的是嵌入式"巧克力按键",全部按键的尺寸相同,所以将键盘转换成 Colemak 是一件 5 分钟内可以完成的事儿(见图 6-4)。[11]

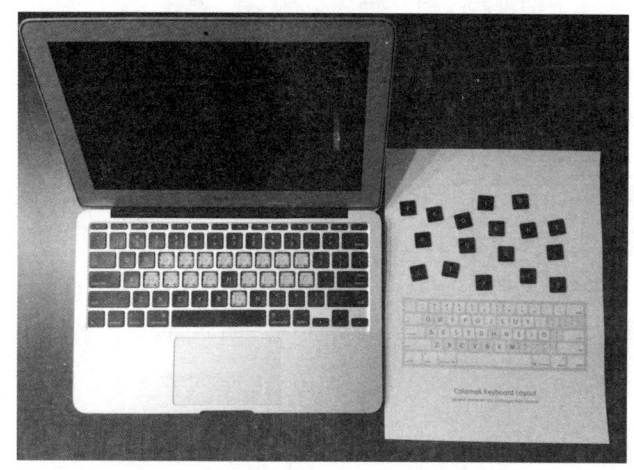

图　6-4

我使用小型的一字螺丝刀,轻轻翘起每个按键右边的顶盖,插入一字螺丝刀的尖端部分,沿着按键右边的边缘向内移动。当一字螺丝刀接触到按键的中心部分,按键就会弹出键盘内置的"剪刀"机制,这个机制使按下去的按键弹回来。

只要掌握了这个窍门,你就可以很容易地将需要更换的按键弹出来。然后,我根据 Colemak 布局示意图将按键放回键盘上正确的地方。只需要轻轻一按,按键就会卡进去。

步骤非常简单,但需要注意的是,这样做可能会使我的笔记本电脑失去保修权利。为安全起见,我首先试着在一个备用的苹果无线键盘上操作一下,待我熟悉流程之后再更换 MacBook Air 上的按键。

现在我的笔记本电脑已经拥有原装的 Colemak 键盘了。真酷!

我只花了一点时间就创造了条件以支持接下来的实践工作。现在我的键盘是 Colemak 版本了，这样切换起来也更加容易。如果忘记了哪个按键在哪里，我只需看一下就行。

我打字有多快

键盘准备好了，我似乎又向切换迈进了一步。但在我继续前进之前，我想知道我目前的打字速度如何，这可以帮我决定我的目标。

我的目标很简单：我只想尽快在 Colemak 上恢复以往在 QWERTY 时的打字速度，我不期望能够超过它多少，因为打字速度不会成为限制我工作的因素。我只是想更加省心地像从前那样打字。

为了知晓我目前的打字速度，我特地搜索了在线打字速度测试。[12]

这个测试让人一目了然：当你按下开始按钮的时候，这个程序会向你显示 100 个来自一本旧书的随机文字。[13] 你的任务就是尽可能快地录入文字，并且保证低错误率。完成后，点击停止按钮。随后，这个程序会报告你的打字速度和错误率。

我先使用 QWERTY 进行测试，然后再切换到 Colemak 进行测试。目的是想看看我目前的进度如何。于是，我点击开始按钮进行测试。

完毕后，显示结果如下：

61 个字 / 分钟，100% 正确，零错误。不错，打字速度符合 David Allen 推荐的临界阈值，达标！

我不是速度达人，但是我的打字速度足以应付工作。

目前，我知道了自己的打字速度，我的键盘也已处于Colemak模式，与键盘布局相匹配的操作系统也已准备就绪。我想我都准备好了！

是的，就是这样了。我应该和QWERTY告别了。

翻转开关

我把计算机切换成Colemak模式后，关闭了设置面板。我将不再使用与我朝夕相处的QWERTY进行打字，直至我接下来的任务完成。

我的网络浏览器首先加载了这个打字测试。用鼠标开启计时器，准备打字。

这一刻，我的大脑充满"#%&@"这样的奇怪符号，仿佛不能运转了。太滑稽了，这感觉就像我的大脑被移除了一部分。

我早已习惯这样的感觉：文字从我的大脑之中毫不费力地流向计算机。现在我却找不到按键在哪里。我不得不重新寻找它们，即使是那些和QWERTY一致的按键，对我而言，此时的它们毫无意义。

一边看着屏幕上显示的东西，手指一边无意识地移动，我录入的都是些毫无意义的数据，我必须删除它们（我担心我的Delete按键会被磨损掉）。仅仅输入一个简单的单词就足足耗费了我几秒钟时间。

每个单词的录入对我来说都是一个新的挑战。我看着时钟，发现自己花了几分钟才录入了两个句子。甚至连一半都没有完成。我曾认真地考虑过放弃，但最后还是选择继续。在接下来的短短几分钟内，我真的至少有10次绝望得快放弃了。

最终，大约在 20 分钟内，我输入了 100 个单词。我的打字速度只有"5 个单词/分钟"。

杀了我吧，就现在！

我编写程序是为了谋生。我这才刚刚学会如何编程，但直到现在，我还是不能好好用电脑编程。不会打字，我将如何回复电子邮件？我将如何在电脑上工作？我什么都做不了！

我已经看到敌人，那个人就是我自己

这是大部分人学习新的键盘布局时的主要障碍。相较于情绪方面的障碍，技术上的改变显得太微不足道了。

当你已经习惯于以某种速度完成一个任务时，在任何环节上只要稍微慢了一点就会显得非常可怕。在打字方面尤其如此：你已经习惯了毫不费力地打字，可突然间你变得不会打字了，这时你需要下很大的工夫，忍受巨大的痛苦重新学习。更糟糕的是，假如你回到以前的做事方式，一切又会好转了。

我的大脑在这点上显得多么无助：大脑有一种固执的倾向，那就是假设我们此刻正在经历的东西将会延续到将来。现在，我的内心简直是要抓狂了。如果我只能在 5 分钟内敲出 5 个单词的话，这还让我怎么继续工作？我的事业将终结！而我的家庭也将挨饿！

当然，那不是真的，但那一刻的感觉是如此真实。这种情绪是学习的最大障碍。

我关闭了计算机，拿出笔记本和笔。我要制订一个计划，提高在 Colemak 上的打字速度，现在就必须这样做。

重塑我的大脑

最棘手的问题是：我不知道新按键的位置。当然，我有一个纸质参考表，键盘上的物理按键也是 Colemak 格式的，但我的大脑目前无法将单词和相应的手指运动一一对应起来。

把计算机的键盘新布局映射到手指运动是我的首要任务。我需要尽快实现功能性。

幸运的是，我已经学习盲打数十年，所以有一些发达的工具可以帮忙。像 Mavis Beacon[14] 和 Typing Trainer[15] 这样的打字教程已经存在数十年，成本也不是很高。

不幸的是，这些程序会假设你想要学习如何以 QWERTY 进行盲打，因为这是一个安全的赌注，大部分想要学习盲打的客户都会选择 QWERTY 标准布局。而且，它们通常从按键的基键行开始讲起。QWERTY 的基键行和 Colemak 的基键行是不同的，所以 QWERTY 的教程帮不了我。

Dvorak 已经面世了很长一段时间，一些程序也支持它，但 Colemak 相对较新。参考打字教程固然是个好主意，但是我得找到一本可以支持 Colemak 的教程。

幸运的是，我发现了这样一条线索：在我进行编程研究期间，我浏览了 Hacker News，上面有一篇关于 Keyzen 的文章[16]（Keyzen 是一款由 Rye Terrell 创建的开源打字教程）。Terrell 开发 Keyzen 是为了帮助程序员学习如何更快速地打字。这个程序在标准的网络浏览器中运行，并且包含罕见的标点符号，比如圆括号、括号和斜线（程序员常用的字符，但是大多数打字教程都会选择略过）。Terrell 在 GitHub 上推送了 Keyzen 的完整源代码，并且邀请其他程序员来使用或者修正它。

这个程序本身非常简单：它显示了一组七个字符，以基键行的字母开始。你的工作就是按照那个顺序把字母录入计算机。

在你打字的过程中，这个程序会播放音效。正确的字母录入会发出一个经典打字机噼啪声的音效，而不正确的字母录入则会产生啪地一声，并且将这个字母变成红色。

当你完成一份练习之后，程序会提供另一份新的练习。如果你正确地输入一个字母，程序会自动将之前那个字母引入后面的练习当中。如果你连续三份练习都正确输入所有的字母，你将会听到一个非常满意的"叮"！也就是说，你的级别已经得到提升。Keyzen 随后加入新的字母，练习继续。

修改 Keyzen

同大多数打字训练程序一样，Keyzen 默认支持 QWERTY。然而，因为这个程序是开源的，所以我可以对其进行修改，以便适合于 Colemak 的学习。

看来我的编程实践就要派上用场了。

我复制了一份 Keyzen 源代码，然后在我的计算机上开启了这个程序的文档。这个程序本身非常简单，所以非常容易找到程序里面控制字母显示的部分，而且对字母显示的顺序重新进行安排也是相当容易。

原先的程序首先引入 QWERTY 基键行上的字母，从食指开始练习，然后再增加字母，直至完成基键行的训练。接下来是顶端行，从键盘的中间开始直至外围，然后是底端行，依照相同的样式进行训练。

将 Keyzen 的训练样式作为一种模式，我对这个程序进行了编辑，让它可以使用 Colemak 的字符集。物理键盘模式保持不变，但现在训练的内容是 Colemak 而不是 QWERTY。

当我关闭这个程序的时候，我拥有了自己的 Colemak 打字教程。成功了！

如果你感兴趣的话，你可以自己尝试这个程序，它的网址是 http://first20hours.com/keyzen-colemak。

精细运动技能

我拥有了属于自己的第一个打字教程，并且我的第一个目标非常简单：熟悉每个按键在键盘上的位置。

我风风火火地开始在 Keyzen 键入如下内容（⎵代表一个空格）：

nn⎵nn⎵n
n⎵nn⎵n⎵
nnn⎵nn⎵
tntt⎵tn
t⎵tntt⎵
tttttnt

这种类型的练习毫无乐趣可言，但它是必需的。通过随机的方式确认每个字母的位置，我正在帮助我的大脑把每一个字母转换成我手指上的精细运动技能。

另外，Keyzen 用许多种方式帮助我有效地学习。Colemak 的设计是把最常用的字母放到基键行，放在最强有力的手指下方。Keyzen 首先引入这些字母，所以在练习 QWZXYM 之前，我已经掌握了 ARSTDHNEIO 的位置。

当我犯错的时候，Keyzen 会将那个字母重新加入练习序列。

结果，我花费了大部分时间反复练习那些我不熟悉的字母。这是一种间隔重复形式，伴随着即时的反馈，使练习变得极为有效。

我制订了一个练习计划表：20分钟内至少完成两个部分的练习，它们相互之间有短暂的歇息，在一天工作结束的时候以及睡前进行练习。

有一个让我疯狂的方法：获得任何类型的运动技能都要求重塑你大脑的结构，而事实证明，睡眠是实现这一过程的工具。

睡觉的时候学习

在过去的40年里，运动技能的习得一直是心理学研究的一个热点。如果你去任何一个功能强大的学术图书馆，你都可以发现书架上放满了一般技能习得的研究资料，尤其是针对运动技能习得的资料。

我就那样做了。我曾在科罗拉多大学的认知心理学书堆里寻找关于技能习得方面的有用信息。不一会儿，我就找到了所有的书籍和研究资料。不幸的是，这类研究著作大部分都充斥着一股浓浓的书呆子气，充满了学术用语。

幸运的是，它们并非毫无意义。以下内容就是摘自一份特别吸引眼球的研究报告。

> 运动技能习得的阶段（2005年）[17]
>
> 一项运动技能的习得要求重复性训练。越来越多的证据表明，运动技能通过阶段性学习而取得进步，其中由不同的储存机制占主导地位。习得阶段的特点是快速（课程期

间）和缓慢的学习（课程与课程之间）。培训课程之后的短期内，技能很容易干扰其他技能和抑制蛋白质的合成，这表明巩固过程发生在课程与课程之间的休息期间。在培训以及休息期间，大脑不同区域的活化作用都会发生戏剧性的改变。

"干扰"和"巩固"在这里是关键词。当你在练习一项技能的时候，你的大脑极其活跃，正努力地寻找样式以及将它们储存到记忆里面。在习得运动技能时，那些样式涉及你看到、听到、感到以及闻到的东西，并且激活控制身体肌肉的神经元。这些神经的连接点越强，你的表现就越好。

在练习的过程中，你的大脑正忙于建立这些连接和关联，但是那并不意味着它们会被即时储存到神经元结构之中。这些样式稳定下来需要一段时间，发生在一个叫作巩固的过程当中。巩固一直在发生，但在你睡觉的时候特别高效。

以下是我发现的将睡眠和技能习得直接关联起来的第一份研究报告。

练习和睡眠造就完美：技能表现的睡眠学习依赖性和可塑性的启示（2005年）[18]

练习经常被认为是提升技能表现的唯一决定性因素。虽然重复执行一项新任务往往会获得学习方面的好处，也因此产生了格言"熟能生巧"。然而，过去10年的研究开始改变这一概念。这些报告显示，在初始培训之后，人类的大脑在没有进一步练习的情况下也会继续学习，而且这种延迟的提升还能够在睡眠期间进行。

以下是那份研究报告的结论：

虽然睡眠对大脑的作用尚未确定，快速增加的文献现在越来越支持睡眠在调整和提升记忆方面所扮演的角色。这些报告提供了大量趋同的证据，它们表明神经可塑性的睡眠依赖性机制巩固了技能记忆并最终提升技能表现。不同形式的简单和复杂技能记忆似乎要求不同类型的睡眠以增强隔夜记忆，而且几份研究也表明，初始练习之后24小时内的睡眠对于巩固的发展至关重要。

有效的技能习得，特别是运动技能的习得，似乎需要睡眠，睡眠在把技能巩固为长期记忆方面起着主要作用。为达到最佳效果，最近的研究表明，在运动技能练习之后的四个小时内睡觉是最好的。即使是小睡一会儿也比没有好。练习之后太长时间才睡觉的话，你的大脑在巩固练习当中所收集的信息的能力也会受损。

这就是为什么我在睡觉之前练习打字的原因。如果我在睡前大概一个小时练习，那么可以帮助我的大脑更加有效地巩固运动技能。

奇怪的是，我可以看到这种巩固效果。我的第一节练习课是让人心悸的：我无法做对任何事情，我总是犯错，而且仅仅对基键行上的字母进行了练习。经过一个晚上的睡眠之后，当我坐在计算机前面时，我发现自己犯错的次数变少了。睡眠已经巩固了我前一个晚上所学的东西。

我们的大脑真是太酷了！

认知干扰

"干扰"是"巩固"的反义词:它是巩固过程的中断。在练习一项新技能之后,如果你练习或者使用第二个或相似的技能,那个练习会干扰你大脑巩固新信息的能力。

干扰的关键时间似乎也是在大概 4 个小时内。如果你等巩固过程结束之后再练习一项存在冲突的技能,那么你就不太可能会干扰到你在主要技能上的进步。

那就是为什么我在练习 Colemak 之后不立即练习 QWERTY 的原因。那样只会干扰我的大脑巩固 Colemak 练习成果的能力,降低我的技能习得效率。

经过 7 个小时的 Colemak 练习之后,我发现自己突然很难再使用 QWERY 进行打字了,虽然我已经很努力地练习 QWERTY 很长一段时间。我的大脑正在重映 Colemak 的打字运动,而这似乎让人更加难以使用 QWERTY 了,至少目前是这样。

在我的计算机适应 Colemak 之后,我可以返回并重新学习 QWERTY(如果我愿意的话):基于我从其他 Colemak 打字员那里阅读到的东西,成为"双语键盘"是可能的,并且可以根据需要进行自由切换。然而,目前我正专注于 Colemak,以便最小化干扰。重新激活 QWERTY 可以再等一些时间。

打破看键盘的习惯

我现在已经过 7 个小时的"刻意训练",平均每个晚上 45 分钟。我没有特别吃力就完成了整个 Keyzen 的序列。我仍然会犯错,但是那些错误的频率越来越低。当我重新测试打字速度的时候，我的成绩进步了：20 个单词 / 分钟。

在白天，我借着紧急回复重要电子邮件的机会进行了一些环境练习。当我坐下打字时，没有像以前那么痛苦。我现在打字速度很慢，但是我可以自如表达。这就是进步！

同时，我注意到一点：我一直盯着键盘打字。看着按键打出字母其实只是一个精神寄托。无论何时我感到不确定，我都会下意识地往下看。如果我想要盲打，那么我必须尽快改掉这个坏习惯，但这有点困难，因为向键盘上看一眼不费吹灰之力。

达斯键盘

为了改掉看键盘的习惯，我采用一种新的学习工具：一个完全空白的键盘。

你会发现，达斯键盘是最不好对付的键盘。"终极模型 S"[19]的键盘上没有任何标识。如果你不懂得盲打，你就不知道如何使用达斯键盘。当看到它的时候，人们的反应是非常有趣的：甚至是专业的盲打人员都感到它的可怕。

我插入达斯键盘，然后在笔记本电脑的键盘上覆盖一张纸，以便自己根本无法看到任何标识。那种感觉就像我第一次切换到 Colemak 的时候一样：我感到困惑和沮丧，但也只是一时半刻而已。在最初 7 个小时的练习中所获得的运动技能发挥了作用，我发现自己的表现相当不错。

我哪里都不看，只专注于屏幕。达斯键盘发挥了它的功能，更换键盘之后，我的坏习惯得到了纠正。

有了达斯键盘，我改变了我的训练方法。输入随机字母的方法已经老旧，所以我转向一个叫作 Type Fu 的程序。[20] 除了随机的字母和单词，Typo Fu 还包含了谚语和名言数据库，它们使练习变得更加有趣。这个程序还会追踪你最常漏掉的字母，非常方便。目前我的问题是：输入 J、U、V 和 B 最困难。

每个晚上，我都练习 45 分钟。在经过一共 14 个小时的专门练习之后，现在我的打字速度为 40 个单词 / 分钟。

此时，我能够相对正常地使用电子邮件和上网冲浪。我甚至可以无须花费多大力气地打出一份 5 页的议案。打字所花费的时间比平时要多，但这不是我做过的最让人沮丧的事。

刻意练习和环境练习

因为我已经初步学会盲打，此时我想做一个小测试看看刻意练习的重要性有多大？

目前，我用两种方式练习：Keyzen 和 Type Fu 课程。它们属于刻意练习，因为我练习时专心完成任务并积极改进。白天打字是环境练习：凡是写邮件或写文章，我都使用 Colemak，尽管我关注消息内容多过于关注打字技术。

我想知道：如果我一段时间不刻意练习，只是练习写电子邮件和上网冲浪的话，结果会怎样？经过 14 个小时的刻意练习之后，我就达到了每分钟 60 个单词 2/3 的目标。假如没有额外的努力，环境练习可以帮助我完成剩下的目标吗？

我决定做一个实验：我打算暂停 30 天的刻意练习，看看结果如何。我将继续使用 Colemak 打字，不切换回 QWERTY。花了那么多时间，我想我应该已经获得了足够的环境练习以达到每分钟 60 个单词了吧？

30 天后，我重新测试了打字速度。想知道我的打字速度吗？

仍然是 40 个单词/分钟。没进步！

这 30 天里，虽然我打了不少字，但是我没有积极地进行刻意练习以提升打字速度。因此，环境练习不足以提升打字速度。

如果你想提升一项技能，你必须刻意练习，至少是在技能习得的早期阶段。学到了吧！

最后的努力

回到刻意练习。此时，我还想做另外一个测试。

人类语言，包括英语，都遵循一条叫作齐普夫定律的幂律曲线：一个非常小的词组组成了大部分的实际用法。根据《布朗语料库》（1964）（*The Brown Corpus*）的一项分析，500 份现代文件的 100 万个单词当中，只有 135 个单词占到了所有英语用法的 50%。[21] 定冠词"the"占到了 7.5%，而介词"of"占到了 3.5%。

你可以进一步思考下去：在大多数单词当中，有一些两个或三个字母的组别一次又一次地重复出现，比如 th、an、ing 和 nce。这些组别叫作字尾（或有时候称为字段）：它们可以说是这类单词中的变量。

我在一本由 Robert Edward Lewand（2000）写的叫作《密码学的数学》（*Cryptological Mathematics*）中找到了最常见字尾的明细表。字尾是像密码学这样的领域的主要研究对象。如果你懂得识别加密信息的样式，那么它就可以给你一些关于内容的线索。密码学家通过把加密信息里面的字尾与目标语言当中最常用的字尾进行比较，从而解决复杂的密码。

让我们把这个理论应用到实践当中。以下是 Lewand 列表当中最常用的两个英语字尾（根据使用频率）：

th, he, in, en, nt, re, er, an, ti, es, on, at, se, nd, or, ar, al, te, co, de, to, ra, et, ed, it, sa, em, ro

根据使用频率,以下是最常用的三个英语字尾:

the, and, tha, ent, ing, ion, tio, for, nde, has, nce, edt, tis, oft, sth, men

这些列表非常有用。如果我可以更好地输入这些字符序列,那么我的打字速度也会更快。我的大脑非常擅长此类活动:程序性记忆是认知科学家用于描述以一定顺序发生的运动技能的术语。通过练习这些最常见的字尾,我可以直接训练包含在打字中的程序性记忆。

为此我下载了一个叫作 Amphetype 的免费程序,[22] 用来进行这类练习。这个程序允许你创建个性化的练习集,以及设定某些表现阀值,如设定每分钟打几个单词及其错误率。

当你在 Amphetype 上开始一门课程的时候,你可以使用这个程序生成任何形式的练习集。我设置了一个程序,要求它显示每个字尾三次,显示三个练习集,并重复这个序列三次。

结果,第一个双字母组合练习集的样子如下:

th he in th he in th he in en nt re en nt re en nt re er an ti er an ti er an ti

我的目标就是以每分钟超过 60 个单词的速度输入整个序列,并且正确率至少 95% 以上。如果我无法达到这些标准,我就必须得重复练习整个序列。

这种练习方式虽然枯燥,但非常有效。我一次又一次地重复每个序列,直至我完全掌握它们,然后开始下一个序列的练习。

每一天,当我坐下来练习的时候,都会从头开始。每一天都有显著的进步。第一天,我大概要练习五次才能完成序列,第二天，只练习一次或者两次即可完成。很快我就可以完成整个练习集了。

掌握了双字母组合后，我把目标转向了三字母组合。在那个领域，我发现了由 Peter Norvig 博士编制的最常用英语单词列表。

Norvig 是谷歌的研究部主任。几年之前，他基于谷歌的"万亿语料库"出版了一份最常用英语单词集，里面包含了每一个谷歌搜索引擎曾经索引的独特单词。[23]

Norvig 出版这些数据的目的就是为了帮助程序员建立有用的工具，比如拼写检查工具，但是对于我的情况而言，它却是最佳的训练集。我抽出最常用的前 100 个单词，把它们加入到 Amphetype，然后一直练习。

经过 8 个小时的刻意练习后，我再一次测试了打字速度。结果是每分钟 60 个单词，而且准确率高达 98%。前后几次测试让我确信这并非侥幸。我算了一下，一共用于练习的时间为 22 个小时。

任务完成！

每分钟 60 个单词的印象

我现在非常习惯用 Colemak 打字。我不再痛苦万分。相反，我想知道自己这么久以来到底是怎么应对 QWERTY 的。

使用 QWERTY 的感觉就好像你的双手在整个键盘上飞舞，因为每个方向都有很多运动。那些常用的字母却放在了键盘上最难到达的区域，它的布局似乎根本毫无任何逻辑可言。

相反，用 Colemak 打字时就好像摆弄手指，文字就自己出现在屏幕上了。在整个过程中，双手移动幅度并不大，花在移动到顶端行和底端行上的时间也并不多。与 QWERTY 相比，这是个可喜的改变，我无法想象回到以前会是怎样一种状况。

方法回顾

现在，让我们回顾一下我重新学习盲打的核心方法。

- 我学会了如何将我的键盘布局改变成对应 Colemak 的布局。
- 我通过重新安装键盘上的物理按键，创建了一个快速的反馈循环，因此忘记了字母所对应的按键位置，但我能够很容易地找到它。
- 我使用 Keyzen 打字教程并通过打字练习掌握了字母的位置，我先学了最常用的字母。如果输入错误，Keyzen 会将该字母重新放入训练集，我因此花了很多时间去练习较难掌握的字母，直到准确率提升。
- 每晚睡前我会练习 45 分钟，这样我的大脑就能有效地将该运动技能巩固为长期的记忆。
- 当速度达到 20 个单词/分钟，我就将练习程序切换成 Type Fu，专注地、尽可能快地输入句子，准确率达到 99%。
- 当我达到每分钟 40 个单词的时候，我用 Amphetype 来进行最常见的英语双字母组合和三字母组合的训练，进一步提高速度和准确率。
- 当我掌握字尾集之后，我用 Amphetype 来进行最常见的英语单词的打字训练，直至我的速度达到每分钟 60 个单词，准确率为 98%。这项任务我一共花了 22 个小时。

接下来做什么

鉴于我在 Colemak 上的打字速度已经达到了 60 个单词/分钟，我就不会那么迫切地需要继续保持训练了。打字速度不再影响我的工作，我可以按要求尽可能快地进行编程。那么现在，速度训练不再作为我的优先选项。

打字速度本身就是一种技能，世界上最快的打字员每分钟可以输入超过 180 个单词。但打字速度的提升并不意味着编程速度的提升。速度测试只涉及屏幕上所显示的单词，所以打字员的速度训练还应涉及更多的文本，并将之作为短期记忆保存，记忆保存的时间要足以让手指打出文字来。

虽然我也想以每分钟超过 180 个单词的速度进行我的文章的输入，但这个速度快得已经超出最强打字员的速度，特别是在创建网页信息时，打字会变得更难、更慢。

较低的错误率使我信心倍增。在这种学习热情的推动下，我继续使用 Amphetype 练习常见的单词、双字母组合和三字母组合，并且练习用左手小指去修正错误。最后，错误率降低了，效率也提高了，速度也很有可能会随之提升。

最让我吃惊的是，学习 Colemak 是那么容易覆盖我之前用 20 年时间积累的 QWERTY 盲打经验。本以为 20 年的肌肉记忆会战胜 20 个小时的训练所获得的记忆。事实证明我错了！

我们的大脑可以发生的改变，远远超出我们想象。

第七章

围棋

学习心得：探索，然后决定

"围棋将最基本的材料和概念（直线和圆，木头和石块，黑色和白色）与简单的规则结合起来，形成难以想象的微妙策略和复杂战术。"

——岩本熏，围棋 9 段专业棋手

> 关于本章的补充图像、视频和评论，请访问 http://first20hours.com/go.

我是黑暗中的一把利剑，我是城墙上守护的卫士。

夜很冷，雪一直在下。在我身后，火把摇曳的光投在我的同胞身上。我们站在城堡上，看守着，等待着。

在通往城堡的桥的另一边，敌军士兵开始集结，准备进攻，我们的弹弓暂时不能击中他们。

战士、盗贼和侠客是强大的致命威胁。巫师正在召唤恶心的亡灵军队。军师准备好迫击炮和火焰弓箭,这是攻破城门的强大武器。

这个部落打算偷走皇宫里最珍贵的东西:一个蕴含无穷力量的发光球。但是他们无法将它取走,至少无法在我的看守下取走。

我们也已准备完毕。曼宁弩炮和箭车对准了我们所站的每个方向,准备随时给敌军致命打击。为了防御,大自然的守护神正准备用火雨和闪电攻击敌人。我们的士兵和幻术师已在边界布设好符文防护盾,这至少可以保护我们在一段时间内免受弓箭和法术的伤害。

下雪了,火炬之光在我闪亮的盔甲上跳跃。我们继续等待。

我们不会沦陷,我们不会被击败!我们要战斗,直至胜利!

突然,一颗巨大的石头划过夜空,高高地飞过敌人的头顶,撞破城堡的大门,粉碎了防御木材。

敌人咆哮着穿过桥面。

顷刻间,我的剑和盾出现在手中。我的呐喊回荡在每一个石块之上,力量和愤怒感染了城墙上的每一个卫士。

"为了正义!"

放下你的武器,我不会伤害你

星期六晚上,在游戏中带领一帮军队投入到大规模的攻城战中,这是多么让人愉快的休闲方式。

我不喜欢看电视和电影,也不喜欢做运动。我倒挺热衷玩一两个小时的电子游戏,比如《魔兽世界》和《激战2》。

我喜欢玩游戏,尤其是那些涉及法术、与怪物作战以及智取敌人的游戏。从年轻时代开始,我就爱看史诗故事里面的巫师、战士以及英勇的作战任务。现在，电子游戏使你可能扮演冒险故事中的一个角色，哪怕只是一小段时间。[1]

我们是在身临其境的电子游戏和电脑游戏中成长起来的第一代。从早期的《雅达利》和《任天堂的控制台》开始，游戏在发展中，无论从细节上还是复杂度上都得到了极大提升。现在，我们可以与来自世界各地的盟友一起与飞龙进行实时战斗。

这些游戏吸引我的部分原因就是其中所需要掌握的技能：任何人都可以创建一个角色，但是你得投入战斗并取得胜利，你还必须知道你在做什么。

从超级玛丽在战斗中射出一个火球开始，我们这群游戏玩家便一路追随着各种电子游戏。如今，电子游戏的角色拥有近百种潜在的能力也不足为奇。为了玩得好，你必须知道这些能力是什么，什么时候使用它们，以及如何定制你的角色以获得最佳游戏效果。

这里面的名堂很多。你得学习这些强大的能力到底是给你造成巨大伤害，还是保护你免受伤害？敌军的怪兽可以做什么？与其他玩家战斗的时候，最佳策略是什么？

玩得越多，越厉害。这就是它的魅力所在。

从历史的角度看，电子游戏虽然是全新的，但是其中蕴含的战术技能却是来自于人类数千年的战争经验。

世界上最古老的战略棋盘游戏

前一段时间，我偶然发现了一个有趣的游戏。相对于我之前所玩的游戏，这个游戏是那么安静，近乎无声。然而，这寂静的背后暗藏着无数激动人心的事件。这个游戏描绘了一幅伟大的战争地图，玩家就是将军，他们相互战斗以赢取最终胜利。

Go 是世界上仍然保持原始形式的最古老的游戏之一。据考证，Go 源于中国，其游戏规则已经存在了至少 3000 年，有的历史学家甚至认为已达 4000 年之久。如果年份是质量的指标，那么 Go 就有太多太多值得我们研究学习的地方。

Go 的中国名字叫围棋。围的意思是"包围"，棋的意思是"棋盘游戏"，取"包围的游戏"之意。对于游戏的胜利，这里有一个非常简单而有趣的描述，即将对手包围。

围棋由日本传播到欧洲和美国，所以，英语当中的 Go 其实是它的日语名称 igo（囲碁）的简写。无论你是将这个游戏称为 Go、围棋、igo、baduk 抑或是其他术语，它们都指同一个游戏。

战争的艺术

在西方国家，国际象棋是最受欢迎的战略棋盘游戏。那么现在，我们就拿它和围棋做个比较。从表面上看，这两个游戏之间有许多相似之处。

两个游戏都有两名玩家，黑和白。游戏在一块方形棋盘上进行。黑子先移动，随后双方轮流走棋直至游戏结束。你可以将这个游戏想象为一场军事冲突，而玩家是相互敌对的将军。

国际象棋的棋盘方格是 8×8，一共 64 个方格。每个棋子占据一个方格。棋盘如同战场，棋子如同士兵。

游戏开始时，国际象棋的棋盘如图 7-1 所示：

图 7-1

围棋棋盘则由 19 根竖线和 19 根横线交叉所成。与国际象棋不同的是，我们把棋子放在交叉点上，而不放在方格上。围棋棋盘一共有 360 个交叉点，相当于国际象棋方格数的 5.625 倍。

游戏开始时，围棋的棋盘如图 7-2 所示：

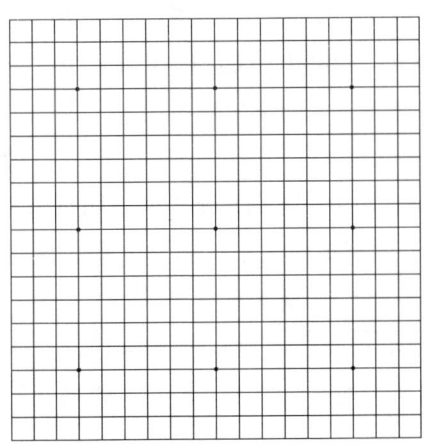

图 7-2

注意到它们之间的差别了吗？围棋的棋盘不仅更大，而且这个游戏开始的时候是没有棋子放在棋盘上的。在围棋里面，棋子随着游戏的进行而放到棋盘上。在国际象棋里面，棋子被对方捕获之后才会从棋盘上移走。

此外，围棋的棋盘是方形的。棋盘上的点（称为"星"）完全对称。这些点非常重要，我们稍后会谈到它们。

国际象棋里面有六种不同类型的棋子，每个棋子均有特别的规则和功能。"兵"总是向前移动，除非它们要去捕获其他棋子。"象"可以斜着走，但不允许垂直或水平走。"车"可以垂直或水平走，但不允许斜着走。"马"可以跳过其他棋子，但必须水平走两格和垂直走一格，或者垂直走两格和垂直走一格。"后"可以水平、垂直或斜着走，但不允许跳过其他棋子。"王"可以向任意方向走，但是一次只能走一个方格，除非它使用一种特殊的跳法，叫作"王车易位"。瞧，要记的东西很多吧。

相比之下，围棋的每一步都一样：一个棋子放到一个交叉点上。除非一个棋子在游戏中被捕获，不然那个棋子就一直放在那里。

国际象棋的棋子会被对方的一个棋子捕获，就像战场上的单兵战斗。"车"使用巨大的狼牙棒击败象，那么"象"就被移出游戏。

在围棋里面，如果一方的棋子被对方的棋子完全包围，则被包围的所有棋子就算被捕获了。当黑方军队被白方军队完全围住，则黑方的棋子投降，成为人质。

专业的国际象棋游戏通常有30～40步。在围棋游戏里面，前30步左右被视为布局，第100步左右残局开始。完整的一局围棋游戏通常包含250步。

总的来说，围棋的规模远大于国际象棋。如果说棋子的每一步都是一场战斗，那么棋盘就是一场大规模战争的地图。

那么，究竟该如何玩围棋呢？让我们继续研究。

游戏的规则

信不信由你，围棋只有七大规则。我们之前已经介绍了这两大规则：

1. 棋子放在交叉点上。
2. 黑方和白方轮流在棋盘上放棋子。

以下五项规则决定了游戏的进展和成败。

3. 一方的棋子被另一方的棋子完全包围之后，则该方的棋子被另一方捕获。
4. 禁止放置一个会立即被捕获（"自杀"）的棋子。
5. 禁止棋局陷入无限循环当中（"劫"）。
6. 当双方棋子耗尽，其中一方认输或者双方同意和局，则游戏结束。
7. 游戏结束之后，棋盘上围起最多领土的一方获胜。

正规的围棋比赛则会引入更多的规则以消除歧义（比如说"什么状况构成无限循环"），指定计分方法，防止和局。这些就是围棋的所有规则。

非常简单，对吗？

学习围棋的规则非常容易，只需要几分钟的时间。因为规则本身不复杂。

这里有一句关于围棋的非常古老的谚语："几分钟就学会，一辈子去掌握。"当我们把这些简单的规则、简单的棋盘和简单的棋子结合在一起时,你却感受到它令人瞠目的复杂性。

宇宙的大小

"国际象棋的巴洛克规则只可能是由人类创造的,而围棋的规则是如此优雅、系统、严谨,如果宇宙的其他地方存在有智慧的生命形式,那他们也几乎肯定会玩围棋。"

——爱德华·拉斯克,国际象棋特级大师,(GO AND GO MOKU) 的作者

"深蓝"是我们创建的一个象棋游戏程序。它是著名的人工智能程序,曾于1996年打败卫冕世界冠军、特级大师加里·卡斯帕罗夫(Garry Kasparov)。

通常情况下,计算机可以通过纯粹的计算战胜人类玩家。它们计算得出棋盘上所有可能的落子,通过以往游戏数据的巨大程序库选择成功概率最高的落子。

在棋盘上,这种运算的确不容易,但它是可能的。国际象棋棋盘一共有64个方格,每个棋子的移动都必须遵守特定的规则。由于每个棋子只能以某种方式移动,所以程序只需要考虑小范围因素。

在围棋游戏中,先行的玩家可以在棋盘上的任意交叉点上放置一个棋子。因为围棋棋盘一共有360个交叉点,所以游戏可能有360种开头。这就意味着,在一开始我们创建的新人工智能程序就需要进行很多分析。

让我们一起做一道计算题:请问棋盘上的五步棋有多少种可能的序列呢?(假设这是棋局的开始,并且双方都尚未捕获对方的棋子。)

计算方法如下：

360×359×358×357×356 = 5 880 282 488 640

超过 5.8 万亿种可能的序列，而这仅仅是最初的五步棋！

这将是非常疯狂的运算。你是否还记得我之前提到过一局围棋需要走 250 步是很正常的事？那么，在这个条件下，在一个 19×19 的围棋棋盘上大概有 2.08×10 170 种可能的落子序列。

如果没算错的话，可能的围棋落子序列数量比已知宇宙的亚原子粒子的数量还要多！可以确定的是，世界上绝对不会有一盘相同过程的围棋对决。我想此刻存在于宇宙某处的数十亿先进外星文明可能也正巧在玩围棋吧。[2]

以目前的技术水平，即使是最复杂和最先进的计算机也要花上 400 年的时间才能计算出一个最佳的落子（假设程序每完成一次运算需要几毫秒的话）。

不可思议！这个游戏也太宏大了吧。

玩家（和计算机）是如何下围棋的

如果人类玩家以蛮力分析来下围棋的话，他们会疯掉的。很明显，他们不会这样做：熟练的人类玩家能够在几秒钟内识别棋盘上的最佳落子。他们是如何做到的呢？

围棋玩家依赖棋子阵型辨识高价值的落子，他们会使用许多调用直觉的词语，如"形状"和"主动性"。围棋玩家凭借几何知识、标准美感和自身情感进行严谨的逻辑分析。

人类大脑并不擅长蛮力数字运算，但是它在模式识别方面却相当厉害，这个说法很有道理。通过觉察棋盘上已有的棋子阵型以及棋子接下来该放置的阵型，有经验的围棋玩家就能识别目前的形势，找到最佳的落子。

更加令人印象深刻的是：最顶级的玩家能够预测到围棋的棋子在后续的落子，通常是之后的 30 ~ 40 步。如果你是在跟一位专业玩家下围棋，你可能会感到他们正在读取你的内心。

一局真正的游戏

"一个放置在交叉口的棋子和一个放置在相邻之处的棋子之间的差异性对于外行来说微不足道。但是，围棋大师会认为它们之间存在类似鲜花和煤渣这样的天壤之别。"

——戴夫·洛利，《围棋的挑战：深奥的棋盘游戏的鼻祖》(*The ChallenGe of Go: Esoteric Granddaddy of Board Games*) 的作者

以下是进行中的围棋比赛（见图 7-3）：

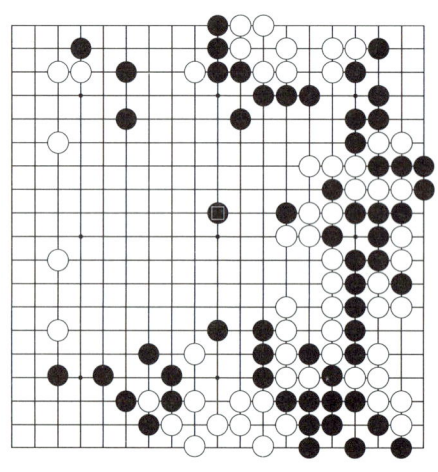

图 7-3

这是一场真正的围棋对决，它是围棋史上最著名的对决之一。[3] 1846 年，本因坊家族 17 岁的本因坊秀策（4 段）受邀与幻庵

因硕（8段）对战。幻庵因硕是日本19世纪中期井上家的掌门人。

这场围棋对决吸引了许多观众。没有人认为本因坊秀策会取胜，他能好好下一局就行了。

幻庵因硕承诺让了本因坊秀策两颗棋，但开局不久，本因坊秀策很明显不需要他让子。于是幻庵因硕宣布停局，重新再下新局，这一次他不敢再让子了。

作为挑战者的本因坊秀策执黑方。除了在棋盘右下边的一场交换当中犯了一个小小的错误，他的开局几近完美。进入第126轮后，不出所料，幻庵因硕占了上风。幻庵不愧是当时棋坛的顶尖人物。

本因坊秀策的一颗落子改变了比赛的走向。你可以看看那颗在棋盘中心上方标有方框的棋子。

本因坊秀策落下这个棋子之后，一名观众发现幻庵因硕两耳发赤，他显然非常愤怒。本因坊秀策的这第127个落子很漂亮。这一手既可声援中腹四子，又可扩张上边黑势，同时消去了右边白棋的厚势，局面顿时为之改观。这步棋是进攻和防守的完美平衡。

幻庵因硕顿时意识到他已陷入困境。就这一个棋子帮本因坊秀策扭转了全局。比赛仍然继续，而此时的幻庵因硕为争夺控制权突然奋起反抗。

以下是第325步的棋盘局势（见图7-4）：

让我们一起来研究一下这个棋盘。看看哪些区域被黑方包围，哪些区域被白方包围，谁在棋盘上围的领土比较多。

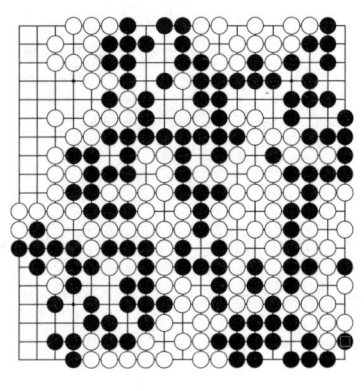

图 7-4

最终，幻庵因硕承认失败，本因坊秀策赢了两点。此局是日本围棋史上著名的"耳赤之局"，而第127步这招扭转乾坤的妙棋遂称"耳赤之妙手"。

"不可战胜的本因坊秀策"后来成为历史上最著名的围棋大师之一，在御城棋出赛创下19局全胜的纪录。本因坊秀策在照顾霍乱病患之后遭受感染，死于1862年9月7日，享年33岁。

模式识别

以下仍然是"耳赤之局"（见图7-5），里面大有学问：

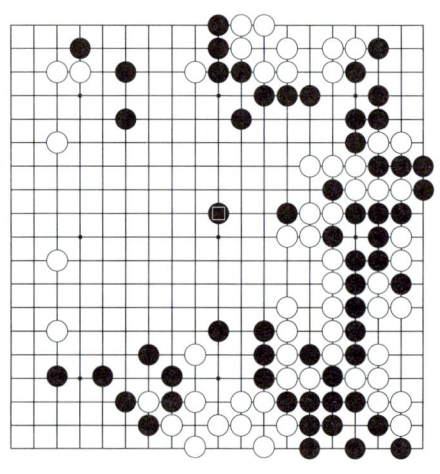

图 7-5

围棋游戏通常以黑方的视角进行展示。我们正在看的棋盘就是本因坊秀策当时在比赛中的情况。

以下是幻庵因硕（白方）看向棋盘的视角（180°翻转）（见图7-6）。

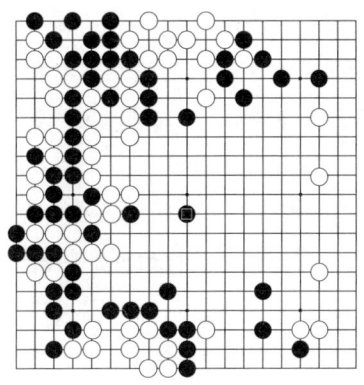

图 7-6

国际象棋只有两个主要视角:黑方坐在白方的对面,而且双方以各自在棋盘上的视角移动棋子开始游戏。国际象棋的黑白双方不能坐到棋盘的左右方进行游戏。另外,棋子的移动有一个通用的模式:远离玩家,向棋盘上对手的方向推进。

国际象棋玩家可以识别棋盘上特定的移动模式。以下就是一个叫作"王冀弃兵局"的著名模式(见图 7-7):

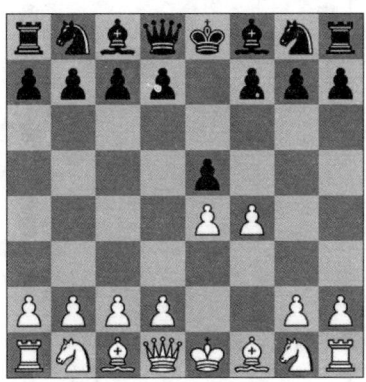

图 7-7

如果想成为国际象棋大师,那就得接受训练,它们大部分都需要你记住出现在游戏当中的一般模式。顶级的玩家可以立刻看出棋盘上正在发展的模式，因为这些模式看起来总是一样。如果你试图布置一个"王冀弃兵局"，大师级的玩家会立即注意到，并知道该如何对付你。

虽然国际象棋中的模式识别不是很容易，但是玩家无须从左边和右边以90度视角去看棋盘，这样也使那些模式更加容易学习。

相比较而言，因为围棋棋盘是完美对称的，所以无论从哪个方向去看，棋盘都是没有任何特殊意义的。你可以从棋盘的四个方向观察棋盘。

在一局围棋游戏开始的时候，黑方以对称模式把棋子落到星点上，也就是那些黑色的点。否则，这个棋盘就是空的。

围棋的棋子可以在任何时候落到任何空着的交叉点之上。围棋玩家可以坐到棋盘的任意方向上进行游戏，而无须像国际象棋那样必须坐在固定的方向。

让我们回到"耳赤之局"，以下是本因坊秀策的视角（见图7-8）：

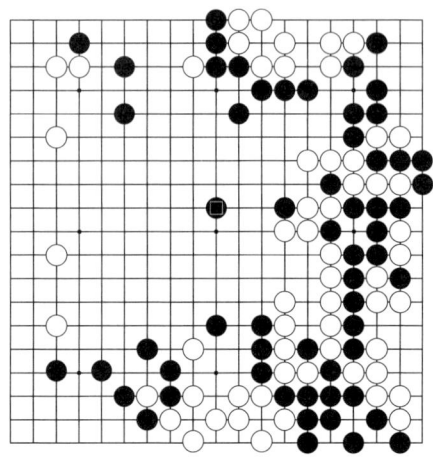

图 7-8

以下是幻庵因硕的视角（见图 7-9）：

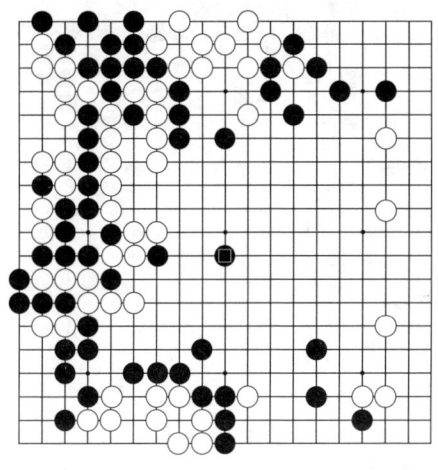

图　7-9

以下是本因坊秀策的右边或是幻庵因硕的左边（见图 7-10）：

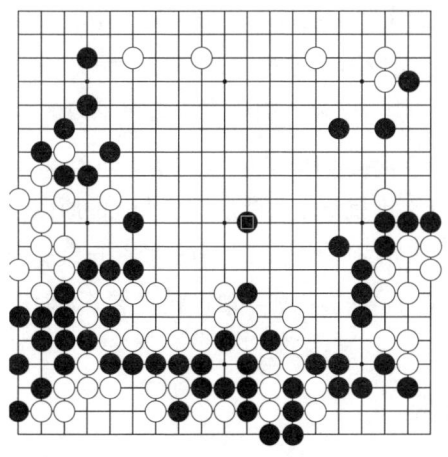

图　7-10

以下是本因坊秀策的左边或是幻庵因硕的右边（见图 7-11）：

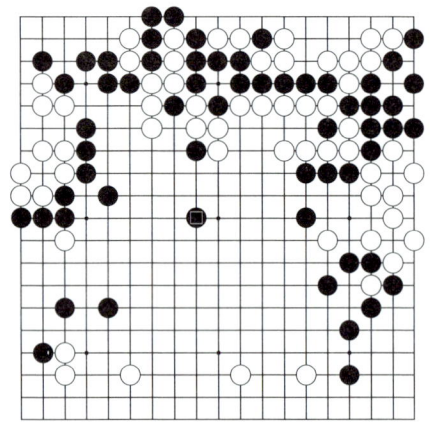

图 7-11

棋盘的对称特性使模式识别比正常情况下的识别更加困难。从战略定位上而言,"耳赤之局"的这四张示意图是完全一样的,虽然外行的人看起来它们完全不同。你也可以每落一个棋子就将棋盘转 90 度,而实际上这样不会对棋局产生较大影响。

围棋玩家不能像国际象棋玩家那样依赖更加直接的游戏记忆技术来识别进行中的模式。围棋玩家需要学习的各种模式都必须从四个角度进行掌握,而不只是一个角度。

这就是为什么围棋玩家如此依赖于直觉的原因。这个游戏太大了,以至于无法记住或运算,所以有经验的玩家会训练自己从更高的水平识别模式的走向,比如一般形状、落子方向以及强弱印象。

运用你的感觉

"围棋技艺需要士兵的战术、数学家的精确、艺术家的想象、诗人的灵感、哲学家的冷静以及最大的智慧。"

——张韵琦,来自中国围棋协会的一份内部文件,1991 年我曾经读过一份早期关于围棋所引起的有趣争论：掌握这个游戏的真正目的不是为了与对手竞争或是支配对手，而是为了掌握自己。

自从人类文明诞生以来，机会游戏就已经出现。当你是一颗滚动骰子的时候，幸运女神（或物理妈妈）决定谁获胜。技能不是一个因素。

相比较而言，技能游戏通常专注于战胜其他对手。谁展现出最强的才能和控制能力？谁可以首先找到最大的机会？谁最擅长挖掘对手的弱点？国际象棋就属于这一类型：若要胜利，就要掌握战术，读取对手的内心。

围棋在这方面是一个独特的游戏。障碍棋子的引入就是一种意欲削弱强者的内置方式。如果你的对手在游戏开始的时候就在一些关键的战略位置落子，那将会极大地影响你的游戏方式。以下就是障碍性棋子所放的位置（见图 7-12）：

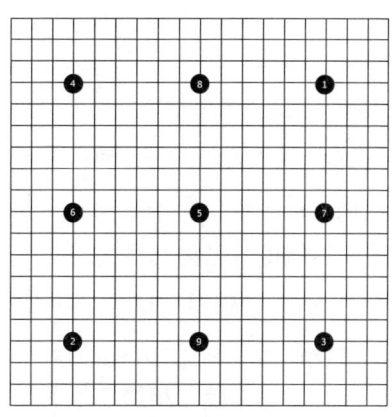

图 7-12

在双方实力几乎相当的围棋障碍赛里，每个玩家应该可以赢得一半的时间。如果一方支配了另一方，在下一局游戏当中，失败的一方在开始的时候会有额外的一两个棋子在棋盘上。

因为这种障碍性特征，你可以将围棋视为一种与自己对战的游戏。当然，你是基于对手的行动而进行决策，但是赢得游戏并不是唯一的目标。

随着技能的不断提升，你需要的障碍棋子数量会下降。当你遭遇劲敌时，你们可以在不让子的情况下与之对决，而当你遇到比较弱的对手时，你就得让子。

围棋经过数千年的发展，它将自我修养推向了极致。想要下好一盘围棋，需要控制思想和情感。高级玩家知道如何通过棋子的布局来读取对手的心理和情感。

据史料记载，古代的大师仅通过阅读一局围棋的文字记录就清楚各个玩家何时愤怒、何时困惑、何时嫉妒、何时贪婪，甚至还可以确定仆人"倒茶"的精确时间。

围棋水平

在几个世纪里面，围棋的障碍系统已经发展成为一种排名系统。水平的差距决定了较弱一方在游戏的开头可以先放置几颗棋子。

信不信由你，武术的"段位"系统出自围棋的排名系统。随着玩家技能的提升，他的排名也会上升。

初学者的水平是35级，相当于白带。随着玩家技术的提高，他的级别会一直下降，直至1级。

1级再上一个台阶就是1段，相当于黑带。从这里开始，水平会一直上升，直至玩家到达9段，最高的官阶。10段是为那些世界锦标赛冠军保留的荣誉头衔。

一个玩家的水平可以通过几种方式认定。

一种方式是参加比赛。在公平的条件下，如果一个玩家在大部分情况下可以战胜一个 12 级的玩家，但却无法战胜一个 8 级的玩家，那么这个玩家的水平可能被认定为 10 级。一个玩家参与的排位赛越多，他的排名就越准确。

另一种方式是预估排名。给玩家出一些结构性难题，要求他判断能够达到预定结果的最佳落子，比如"围魏救赵"，最后以玩家所解决的围棋问题数量来决定其水平。随着玩家水平的上升，他正确解决问题的能力也会随之增强。

因为围棋已经问世很长时间了，所以围棋问题可以通过一个巨大的程序库来进行研究。把这些问题按难易度进行分类：20 级的玩家会认为 10 级的问题极其困难，而 1 段的玩家则认为 10 级的问题很容易。围棋书籍的专业出版商棋圣堂出版了一系列非常有用的关于分级问题的读物，标题是《初学者的分级围棋问题》。

分级问题的存在使围棋成为一种可以边下棋边研究的游戏。解决这些图书提出的问题有助于围棋技能的训练以及围棋水平的评估。

我已经准备好了。接下来要做什么？

准备就绪

没有棋盘和棋子，怎么下围棋呢？我在 Yellow Mountain Imports 上购买了一套围棋，[4] 这是一家面向全球销售围棋产品的美国公司。

围棋的棋盘和棋子在价格和质量上差异很大。便宜的棋盘和简单的玻璃材质的棋子，只需几美元就可以到手。总的来说，一套基本围棋装备的花费并不贵，非常容易获得。

但是，如果是桃花芯木材质（日本传统棋盘使用的材料）制成的高质量棋盘的话，它的售价高达数千美元。同样，还有由石板和贝壳制成的棋盘和棋子，它也造价不菲。

在做了相关研究后，我决定购买一套漂亮的白云杉木棋盘和一套云子石棋子，它们由中国的一家公司生产。这家公司将它们的棋子工艺视为商业机密。这些棋子手感的确不错，非常坚实，放到棋盘的时候，它们会发出悦耳的声音，价格也非常实惠。棋子还配有传统的木碗，下棋时，可以将它们放在棋盘旁边。

除了购买棋盘和棋子，我还选了几本初学者围棋书籍：

- 《围棋之全面指南》，赵治勋 (2010)
- 《关于围棋的第二本书：知道规则之后，你还该做什么？》，理查德·博茹利奇 (1998)
- 《围棋禁忌》，袁州 (2009)
- 《围棋基础课程》，敏郎冈山 (1996)
- 《开个好局》，大竹英朗 (1992)

这些书是我在 Sensei's Library 网站上发现的，[5] 这个网站有数百页关于围棋历史和技术的介绍和相关评论。这个网页就是一个最佳围棋读物的清单，这些读物由高级玩家推荐。我激动得如同发现金矿一般，单单一页就有将近 100 本书。

下面说说我列出的这几本书：《围棋之全面指南》（*Go: A Complete Introduction to the Game*）这本书简直就是初学者的首选。同样，《关于围棋的第二本书：知道规则之后，你还该做什么？》（*The Second Book of Go*）可以作为初学者的谋略书目。如果你已经知晓围棋的基本规则，那么请多专注里面的基本技术介绍。

《围棋禁忌》(How Not to Play Go) 这本书主要介绍反面例子。通过研究常见的错误,你可以学到许多正确的方法和技巧,这是我很高兴看到的。因为,对于大部分技能而言,你很有必要对反面例子进行研究。既然已经有专家收集整理好了这些反面例子,这难道不是很酷的一件事吗?

《围棋基础课程》(Lessons in the Fundamentals of Go) 这本书被大多数高级玩家视为能够帮助他们极大提升水平的"黄皮书"。对初学者来说,它似乎太深奥了,所以我打算学完基础之后再阅读它。

我选《开个好局》(Opening Theory Made Easy) 这本书是因为根据粗略分析,游戏开头确实相当重要。因为游戏开始之前的棋盘是空的(除了一些障碍棋子),所以棋局的前 30 ~ 40 个落子对剩下的比赛结果会造成深刻的影响。如果你不知道如何开局,而你的对手知道,那么你很有可能会输。所以我们从一开始就应该将开局视为一个值得研究的问题。

跟着小白兔(出自《爱丽丝梦游仙境》),进入梦幻的围棋世界

现代技术使围棋的练习容易了些。iPhone 和 iPad 的一个应用程序 SmartGo 包含了非常棒的内置人工智能程序,它是一个分类围棋问题的数据库,并且还为历史游戏做了注释,用于研究。

SmartGo 的设计利用了装置的触屏,所以你可以恰当地在触屏的交叉点放上"棋盘"落子。这个功能就使得玩围棋更加容易。不用先思考解决方案,也不用翻开手上的打印文本背面的解决方案,程序会给你即时反馈。这个快速反馈循环使练习更加容易,

特别针对那些不止一个落子来解决的问题。

我已经准备好学习下围棋所需要的一切。我只需再确保一件事：我将在围棋上花足够时间，而不是把时间用去做其他事情。

排除干扰

围棋并不像动作电子游戏那样扣人心弦。学习围棋需要时间和专注。我也在玩其他的游戏，所以我的空闲时间非常有限。如果我想在围棋水平上尽快取得进步的话，我需要专注。

也就是说，我需要排除潜在的干扰。最大的威胁就是其他游戏，如果我把时间花在了打数码怪兽上，那就没有多少时间花在围棋上了。如果我一直玩电子游戏的话，我就没有任何学习时间了。

记住，时间不是用来"发现"的，而是用来"创造"的。

因此，我决定在至少20小时内不玩其他游戏，只专注围棋一件事。想要快速掌握围棋技能，就必须排除干扰。

既然如此，这里有一个有用的方法：改变行为的最好方式就是改变周围环境。如果你不想做你目前正在做的事情，那就让它成为一件不可能做到的事。如果你无法使该行为成为不可能做到的事情，那就尽可能使它变得困难、昂贵或者令你望而却步，需要花的力气越多，你回到之前的行为的可能性就越低。

再见了，《魔兽世界》！很高兴认识你。

在开始围棋冒险之前，我残忍地注销了我的魔兽世界账号，这样一来，我想玩也玩不了了。我告诉自己，不能再碰任何电子游戏，直到我的围棋冒险结束。

再学规则

重学游戏规则是一个不错的开头。虽然我已经学过围棋的规则,但是我想看看它们到底是如何呈现在棋盘上的。

你可以改变棋盘的尺寸,这是围棋的一个不错的特点。因为棋盘是对称的,只要保证线条数量是奇数,那么棋盘就可以变大或变小。尽管棋盘尺寸改变了,但围棋的规则和战术不会改变。

比赛用的棋盘的尺寸是 19×19,初学者可以从一个 7×7 的棋盘开始。这样的尺寸,一来足以学习关键技巧;二来,不会太沉,携带方便。

让我们看看围棋规则是如何运用在实际比赛中的。

不自由,毋宁死

让我们接着之前围棋的第 3 条规则:如一方的棋子被另一方的棋子完全包围,则该方的棋子被"捕获"。

一个棋子在棋盘上,与棋子直线紧邻的空点叫作棋子的"气"。想象一下战场上的士兵,如果附近有地方可以撤退,那么这些士兵就不会被捕获。

一个棋子可以拥有的"气"的最大数量是 4(见图 7-13):

如图 7-14,当对方在邻近黑子的地方落子,这颗棋子的"气"的数量就会减少。类似这样的攻击就会使白子的"气"的数量从 4 降到 3:

如图 7-15,以下攻击会将白子的气的数量降到 2:

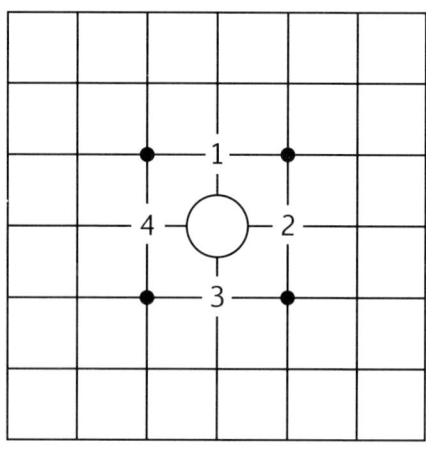

图　7-13

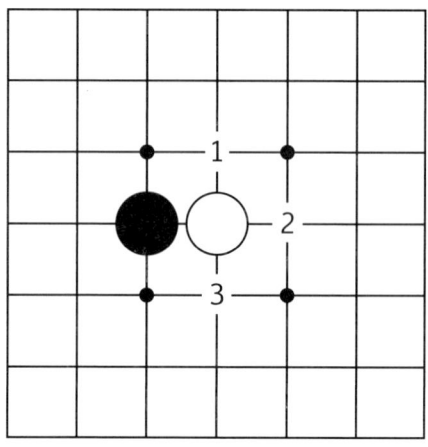

图　7-14

小心，图 7-16 的白子只剩下 1 个"气"了：

这种情况叫作"打吃"。[6] 黑子移除了白子最后的 1 个"气"，白子就会成为俘虏，然后白子将从棋盘上被移开（见图 7-17）。

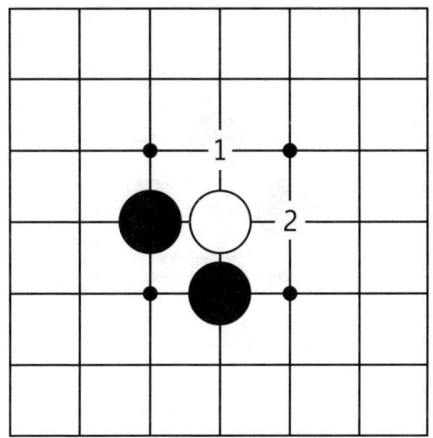

图 7-15

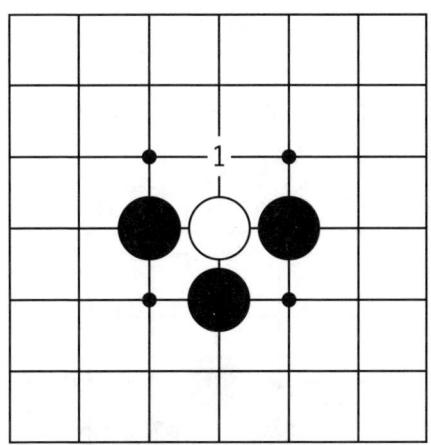

图 7-16

如果你不想自己的棋子被捕获，你就得确保它们有尽可能多的"气"。如果你想捕获对方的棋子，那么就移除它们的"气"。非常简单吧！

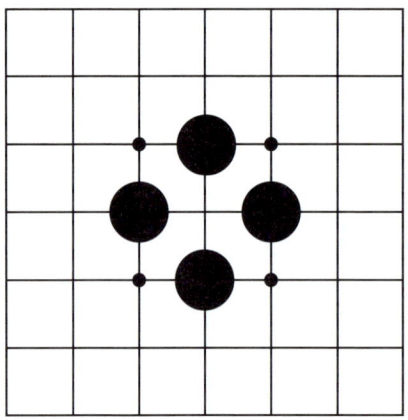

图 7-17

请不要自杀

现在,我们开始学习第 4 条规则:落下一个会立即被捕获("自杀")的棋子是不允许的。

让我们再看看最后一个情况(见图 7-18):

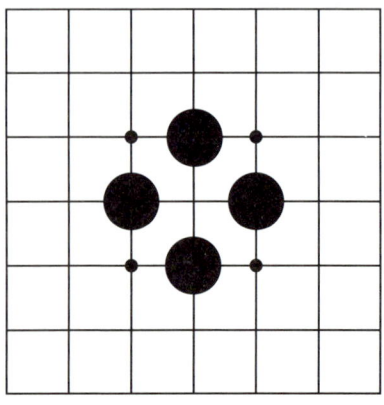

图 7-18

棋子摆出的这个形状叫作"开花",它在围棋当中非常普遍。黑子之间的空间里没有"气",所以如果白方在那里落子,该棋子会立即被捕获。第4条规则就是禁止这样的"自杀"。

在学习更大组别的棋子前,我们一定要牢记这条规则。稍后,我们还会对它进行回顾。

逼到角落

在棋盘的中间存在很多棋子的"气",直至被攻击。在棋盘的角落和边缘附近没有许多交叉点,所以"气"的数量会减少。

从图 7-19 我们可以看到,黑方只剩下 1 个气了,就在标记"a"的交叉点:

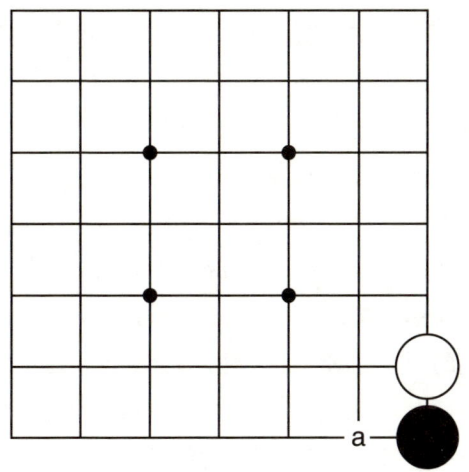

图 7-19

黑方棋子处于"打吃"位置。如果白方在"a"处落一个棋子,则黑方棋子被俘虏(见图 7-20):

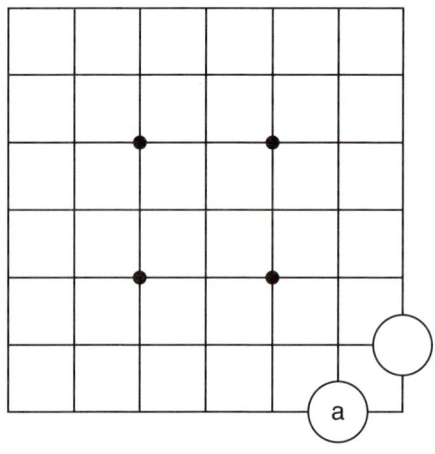

图 7-20

这个例子说明了角落位置和棋盘中间位置的差异性。在角落位置，只要两个棋子就可以捕获。而在中间位置，至少需要四个棋子才可捕获。如果在边缘上，需要三个棋子才可捕获。

总的来说，沿着棋盘的角落建立和保卫领土通常是最容易的。在边缘就困难一些。中间则是最困难的，因为要很多棋子才可以围住对方。

这就是为什么当你在观看棋局的时候，有经验的玩家都会在一开始遵循一个通用模式的原因。首先，他们会在棋盘的角落建立领地。只要早期的领土稳固之后，他们再将领土范围扩大至边缘。棋盘的中间是最后考虑的地方，一直保留到棋局最后。当初本因坊秀策在第 127 个落子后才出现"耳赤之妙手"也是这个原因。

不可以无限循环下去

捕获的规则我已学会。现在开始学习第 5 条规则：不允许棋子陷入落子序列相同的无限循环当中。

有一种情况叫作"劫"(日语是"无限"的意思)。一盘围棋里有可能出现无限循环的情况。如果这个情况被允许,那么它们将会破坏大部分棋局。

图 7-21 就是出现"劫"的情况。如果在交叉点"a"处落子的话,黑方则可以捕获白方的棋子("三角形"处)。

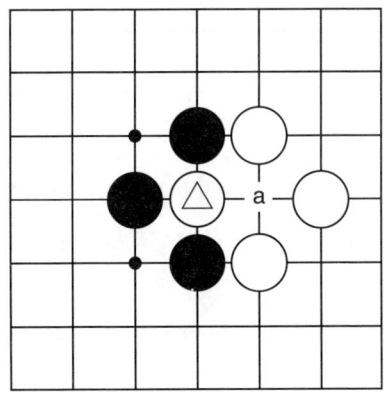

图　7-21

看看图 7-22,你发现了什么?对,和上图的模式是一模一样的,只是"三角形"和"a"翻转过来而已。如果一颗白子落到"a"处,白方则可以将刚才的棋子取回。

试想,如果没有一个规则可以应对"劫"的话,那么白方和黑方可以围绕这颗棋子一直战斗下去,直到游戏完结。好在我们有这样一个应对规则,即:对于一个"劫",一方提子,另一方必须隔一手才能提,这样有机会让对方把"劫"填死,否则这个局面将无限循环下去。

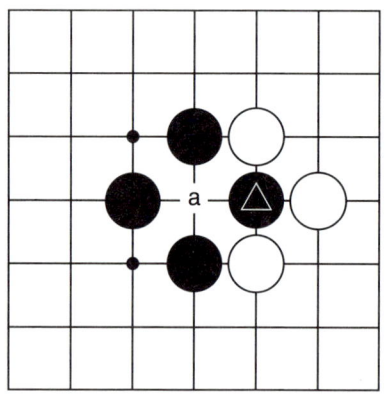

图 7-22

在锦标赛中,通常有一个叫"长生劫"的额外规则。想象一下,棋盘上出现了两个甚至更多的"劫",玩家要在更大范围的循环中围绕"劫"决战。一旦该模式确定下来,"长生劫"便形成,此时玩家必须想办法应对,否则这盘棋就玩完了。

获胜的条件

现在让我们看看这个游戏是如何结束的。第 6 条规则:当双方棋子用完、一方放弃游戏或者双方和局的时候,这个游戏就结束了。

真够简单的!那么,我们如何决定谁是获胜方呢?

第 7 条规则:游戏结束时,棋盘上包围领土最多的一方获胜。

来看一个例子。一块 7×7 的棋盘共有 49 个交叉点。假如我们把棋盘做如下划分:

棋盘的左边由黑方控制,占据 28 个领土空间。棋盘的右边由白方控制,占据 21 个领土空间。此时黑方获胜(见图 7-23)。

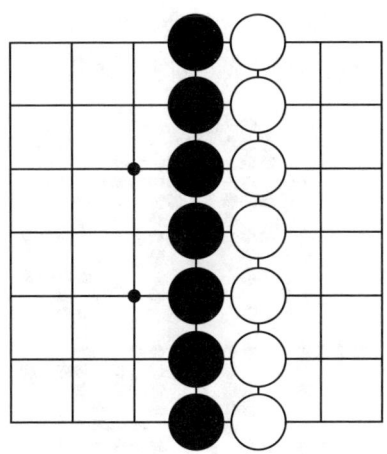

图 7-23

如果局势发生下图变化：此时，黑方成功侵入白方的一块领土。黑方现在总共占据 29 个领土空间，而白方只占据 20 个领土空间（见图 7-24）：

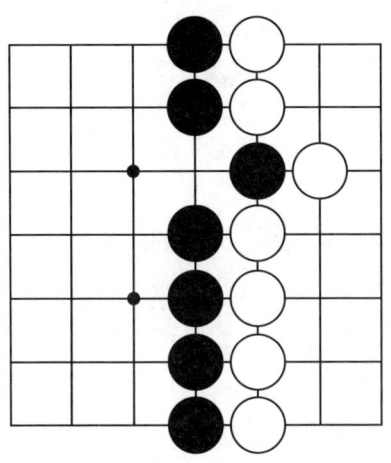

图 7-24

若棋盘变大,计算也会变复杂,棋组也会散落在各个地方,就像"耳赤之局"的结尾那样(见图 7-25):

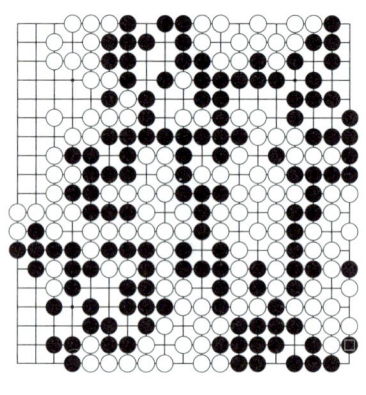

图 7-25

领土的计算一般遵循如下准则:对于正在争夺的领土,不计入双方之列。有时,高级玩家主动放弃一些领土给对手,目的是为了那些领土能以"捕获"进行计算。如果游戏结束时,双方对所控制的领土存在争议,则进入加时赛,直至争议解决。

对领土进行预估是一门技术,需要大量实践才能获得。

防守

基本规则已经介绍完毕。常见的战术又有哪些呢?

首先要了解的是"攻击"在棋盘上的样子。"直接攻击"是指直接移除对方棋子的一个"气"。图 7-26 显示的是黑方正在攻击白方("三角形"处):

你当然还可以进行"间接攻击",你需要做的是在对方棋子的附近落子。在进行"直接攻击"前,"间接攻击"是一种增强你在某个区域地位的方式。图 7-27 显示黑棋正在威胁白棋("三角形"处):

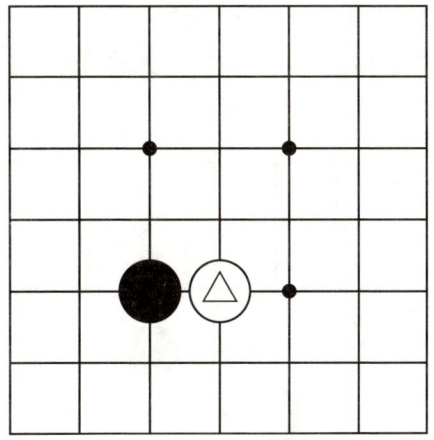

图 7-26

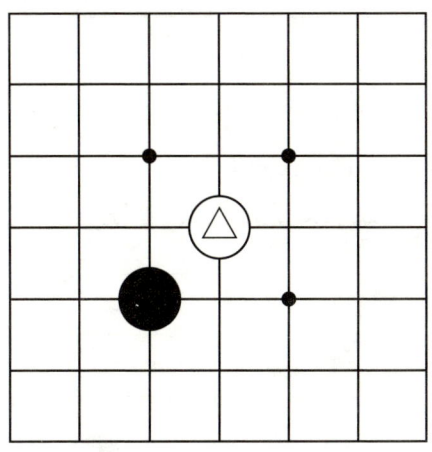

图 7-27

骑士冲锋

"攻击"是"进攻"的基本元素。围棋把"进攻"的基本元素

叫"连接"。把"平衡进攻"与"防守的落子"叫"博弈"。

"小飞"("骑士冲锋")是一种常见的博弈。它因骑士在国际象棋中的移动而得名（见图 7-28）：

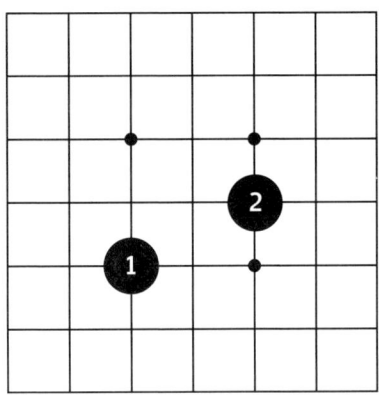

图　7-28

"马"在攻守间均衡落子：靠近其他棋子落子，如有必要，便于连接其他落子，从而领先一步棋。

图 7-29 显示此时马处于更有力的攻势：

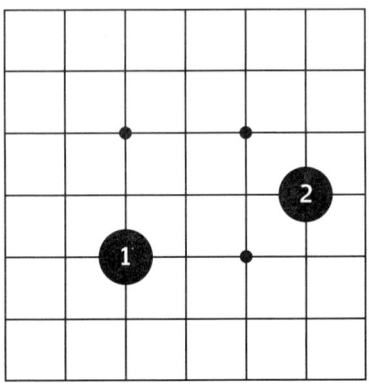

图　7-29

这一落子是用防守换来的,它的意义是开拓了玩家的领域。然而,一旦该棋遭受攻击,它将难以防守。

竹子强于钢铁

当一方处于战略防守时,棋盘上会出现如竹子连接一样的很坚实的形状,我们把它叫作"双关"(见图 7-30):

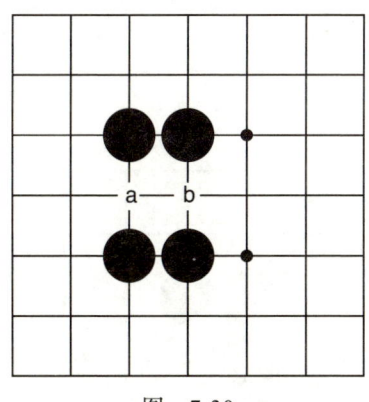

图　7-30

"双关"战术坚不可摧,因为不管你的对手如何攻击,你可以很容易地把棋子连接成这样强大的竹子形状。

在这种情况下,如果白方在"a"处落子,那么黑方可以在"b"处落子进行连接(见图 7-31):

同样地,如果白方在"b"处落子,那么黑方可以在"a"处落子进行连接(见图 7-32):

一旦黑方形成竹子连接,则白方将需要 9 颗额外的棋子才能对它们进行捕获。这样强大的保护很难被攻破。

攻击、防守和捕获似乎不复杂;"小飞"和"双关"这两个战术也都很容易记住。非常简单吧!

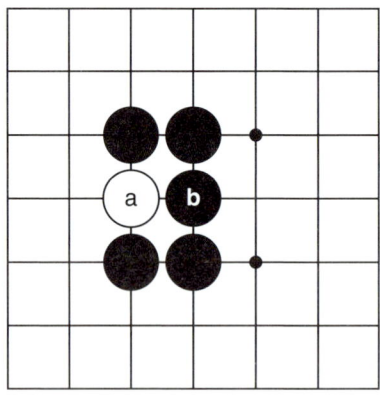

图 7-31

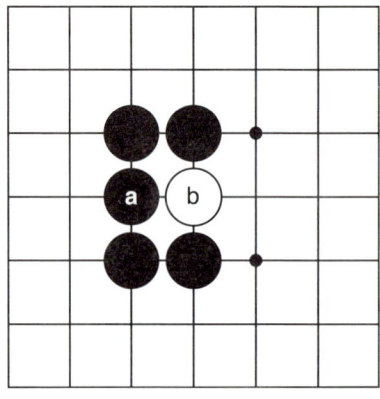

图 7-32

经受 100 次战斗的洗礼

学习了围棋规则及基本战术。那么现在，我是找个棋手对决以提高我的竞技水平，还是看看书并试着分解各个层次的问题以便获得更熟练的技能呢？

对于我的困惑，Sensei's Library 网站上的专业玩家持有不同的意见。包括《战争的艺术》的作者 Sun Tzu 在内的几个专业玩家都认为"经受 100 次战斗的洗礼"是最好的提升方式，而其他玩家则认为研究围棋问题和阅读围棋战略战术的书籍是提升水平的最佳方式。

就在我们本地有一个每周三定期聚会的围棋俱乐部。但是聚会的具体时间是傍晚，这与我的家庭时间冲突了。我倒是很想要参加，但目前不行。

我还可以在网上下围棋。每天 24 小时都可以和来自世界各地的玩家聚在网上玩围棋游戏，切磋棋艺。更妙的是，这些游戏还会根据我们的成绩排名，所以当我玩到足够的局数时，我就可以预估自己的相对实力了。它虽然不是比赛排名，但也算是排名。

我决定看看两个最受欢迎的在线围棋网站：IGS（互联网围棋服务器）以及 KGS（Kseido 围棋服务器）。进入游戏非常简单：先用电子邮箱地址创建一个账号，下载围棋程序，然后登陆。你也可以在上面邀请其他玩家一起游戏，或者实时观看其他玩家的对决。

我在这两个网站上都创建了账号，然后我试着寻找第一个真正的对手。因为我才创建了自己的账号，所以我暂时没有排名，于是我也邀请了一位没有排名的玩家一起游戏。在接受了我的邀请后，我们就开战了。

我们俩都还没有排名，不需要让子。我持黑棋，自认为我的早期防守非常坚固。我们先轮流着在角落和边缘建立领土。大概 30 步之后游戏正式开始，我的感觉不错。

随后，白方发出攻击。我对此一点也不担心，因为我的领土看起来很坚固，所以我将棋子连接起来，以便巩固我的位置。

我之前的所有研究似乎都没能助我一臂之力。几轮之后，白方彻底消灭了我。

我完全不敢相信，自以为安全的领土却惨遭入侵，自以为安全的棋子也被俘虏。

我尝试反击，但是我前进的方向被阻拦。我试图防守，但是我的防护失败了。

我不断地尝试夺回失地，但一个小时之后，我的企图明显无望。我选择放弃。

游戏结束之后，我好奇地问对手："你到底玩围棋多长时间了？"

"几年，"他说，"我刚在这个服务器上创建账号，还没有排名。"

难怪他灭了我！我告诉他我是一名新手，并向他寻求改进意见。

他建议我观看 10～20 级的玩家比赛，这会非常有用。

我道了谢，然后下线。

到底是哪里出问题了呢？

游戏时，我自认为建立了防御性棋组，但事实上却不是。为了弄明白我的棋组为什么会被捕获，我们打算了解一下大型棋组可能遭到的攻击有哪些类型。

只有一个"眼"，不好

你是否还记得我之前提到的防止自杀的规则？这条规则有一个重要的窍门：如果被视为自杀的一个落子可以捕获对方一个或两个棋子，并且会产生新的"气"，那这个落子是被允许的。

图 7-33 就是一个例子。交叉点"a"对于白棋来说完全没有

"气",因为它已被黑棋团团包围:

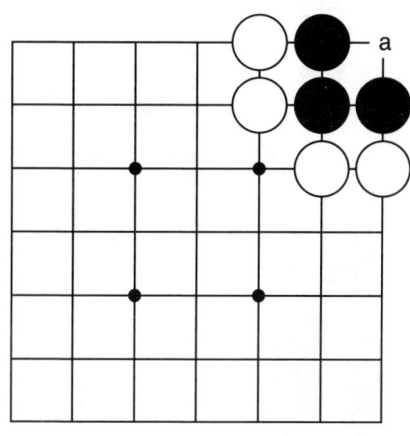

图 7-33

通常情况下,按照自杀规则,白棋是不允许放到交叉点"a"上的,但在这种情况下,白棋已经包围了黑棋。黑方剩下的最后一个"气"又正好在"a"上。当白方在"a"处落子时,黑方的棋组被捕获(见图7-34):

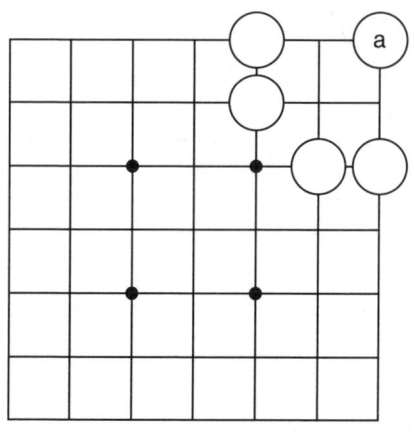

图 7-34

围棋把这种类型的交叉点叫"眼"。在这种情况下,它们就可能成为优势或者劣势的源头。如果一个棋组只有一个"眼",那它就太弱了。

图 7-35 显示黑方正处于困境当中:

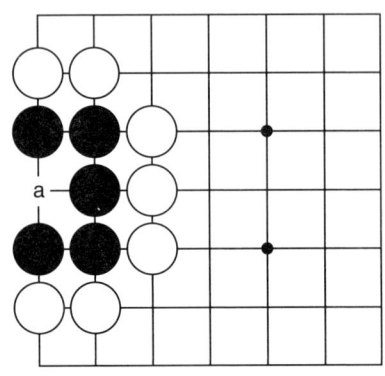

图　7-35

当白方在"a"处落子时(见图 7-36):

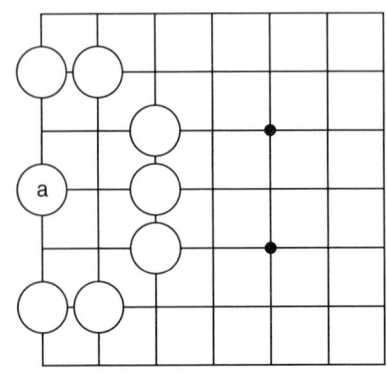

图　7-36

图 7-37 显示白方正处于困境当中:

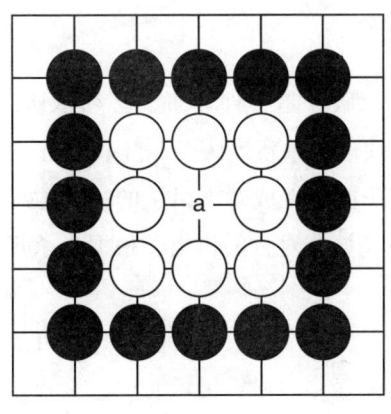

图 7-37

当黑方在"a"处落子（见图 7-38）：

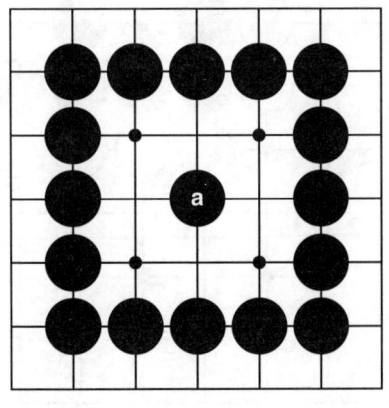

图 7-38

只有一个"眼"的棋组很容易被捕获，所以从根本上讲它们是不安全的。这需要一段时间来适应。

两个眼，很好

并不是说有"眼"是一件坏事，必须承认，它们是必需的。这听起来很怪，我们得重新确认一下自杀规则。

只有一个落子能够促成对方棋子的捕获才可以免受自杀规则的约束。如果不能捕获对方的棋组，根据自杀规则，这个落子就是不被允许的。

也就是说，拥有两个"眼"的棋组是不可战胜的。就像在领土的中央筑起一个堡垒一样：无论对方怎么攻击，他们就是不能将这个棋组捕获。

图7-39显示黑方棋子拥有两个"眼"：

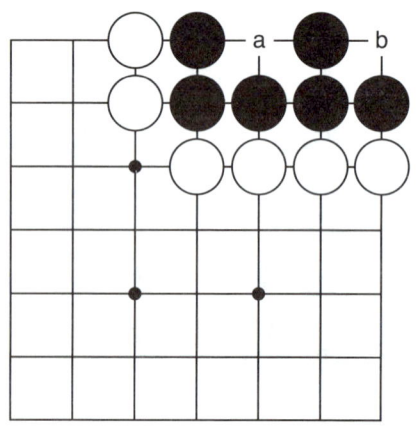

图 7-39

如果白方在"a"处落子，那便是自杀；如果白方在"b"处落子，那也是自杀。白方无法同时在"a"处和"b"处落子，所以黑方是安全的，即使已被完全包围。

图7-40显示白方的棋子在边缘有两个"眼"：

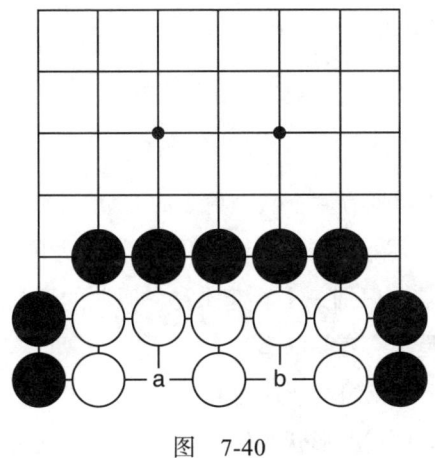

图 7-40

图 7-41 显示白方的棋子在中间有两个"眼":

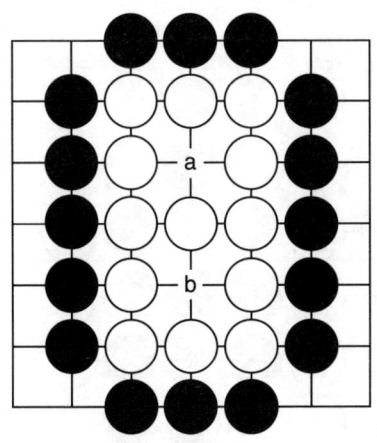

图 7-41

请注意,如何使用六个棋子在角落形成两个"眼"?如何使用八个棋子在边缘形成两个"眼"?如何使用 13 个棋子在中间形成两个"眼"?为什么角落是最容易防守的地方?为什么中间是最难防护的地方?

假眼

如果一个棋组拥有两个甚至更多的"眼",那么就可以让其不可战胜。因此,尽可能快地组成"眼"就成为优先考虑的问题。然而,不幸的是,识别一个看起来是"眼"的形状是否是真正的"眼",这却不是那么容易的事。

通常情况下,棋组会形成看起来很坚固的"眼",但实际上它是脆弱的。我们把这种形状叫作"假眼",要知道它们是致命的。

以下就是一个例子。黑方的棋组看起来好像有两个"眼"。但请仔细看棋组顶部标有三角形的棋子,它们实际上是很脆弱的(见图 7-42):

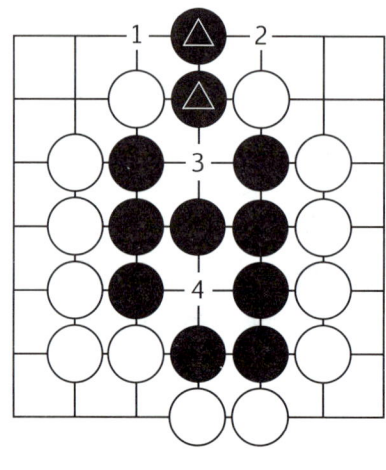

图 7-42

假设现在轮到白方落子。白方可以从"1"或"2"开始攻击,移除一个"气"。黑方可能试图从顶部逃跑,但是白方下一步就会切断逃跑路线。无论黑方如何应对,白方落子到"3"的时候,黑方棋组都会被捕获。而剩下的黑方棋组就相当脆弱了,并且当白方在"4"落子的时候,整个棋组都会被捕获。哎哟,真可怕!

围棋的大部分内容涉及创建拥有两个"眼"的棋组,但要避免假眼,防止对手建立真眼,并且当对手正在建假眼时,找准时机将其消灭。建立真眼需要许多经验和技巧,而且需要注意什么时候变成假眼了。

关于"拆解"

我以为自己正在创建安全的领土,但实际上,我的领土非常脆弱,而且我没有及时意识到这一点。这就是我初次惨败的原因。

图 7-43 是一个简化后的例子。瞧,黑方创建的"眼"。如果拥有四个"眼"的话,那个棋组不就是不可战胜的了吗?

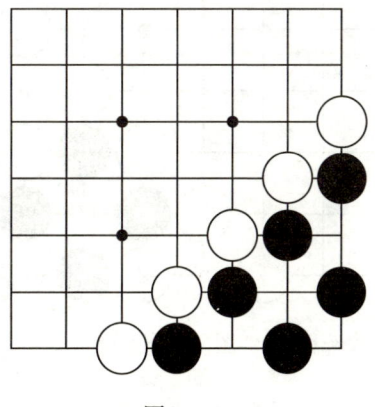

图 7-43

然而,黑方的情况并不是这样。如果白方在"1"或者"2"

落子，那么"a"或者"b"则会被捕获（见图 7-44）：

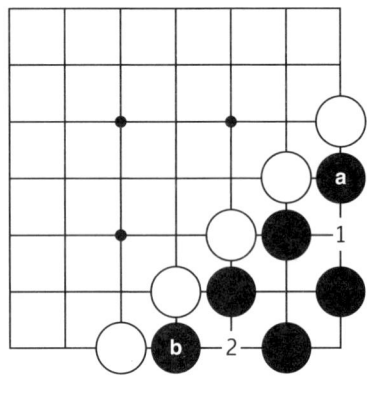

图　7-44

接下来，如果白方在"3"落子，"c"或者"d"则会被捕获（见图 7-45）：

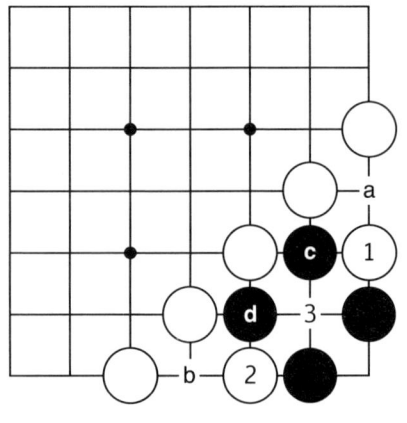

图　7-45

最后，如果白方在"4"落子，那么"e"和"f"则会被捕获（见图 7-46）：

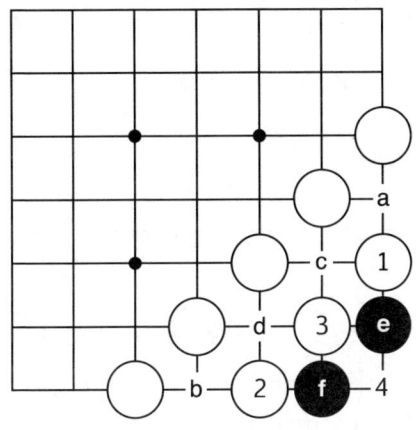

图 7-46

最终，白方彻底拆解了黑方"不可被战胜"的棋组。它们根本不是真眼，黑方也为此付出了代价（见图 7-47）：

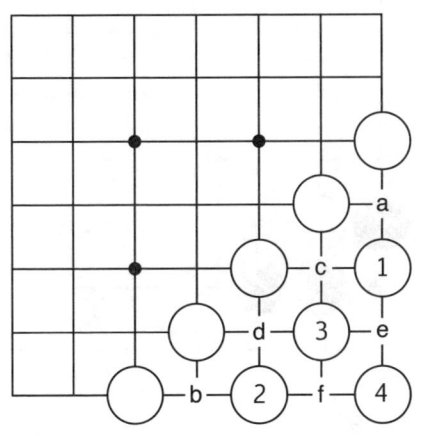

图 7-47

这些情景几乎还原了之前发生在我身上的一切。我自以为正在角落和边缘建立安全的领土，但事实上我不过是建立了两个假眼。最终，我的对手瓦解了我所建立的一切。

要吸取教训！

梯子

还有一些重要的战术我无法完全理解，直到我在实际训练当中遇到它们。

第一个叫作"梯子"。当遇到攻击时，另一方可以选择反击，也可以选择逃跑。通常情况下，逃跑是一个更好的选项。如果对方追赶，那么一场追赶比赛即将上演。

让我们看一个例子。图7-48显示白方的棋子（"三角形"处）即将发动攻击：

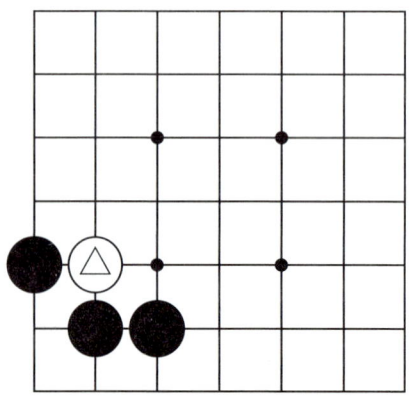

图 7-48

黑方在"1"发起攻击，随后白方逃向"2"。黑方在"3"发起攻击，随后白方逃向"4"。黑方在"5"发起攻击，随后白方逃向"6"。最终（见图7-49）：

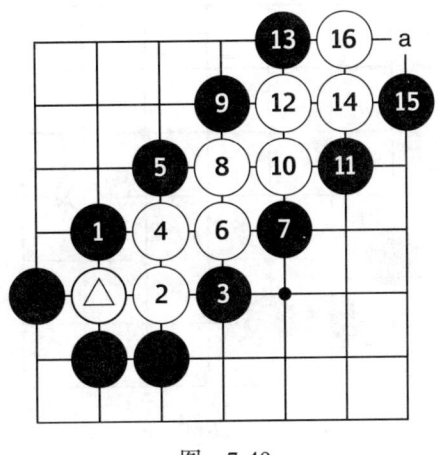

图 7-49

现在轮到黑方落子,白方似乎无处可逃了。当黑方在"a"落子的时候,白方所有的棋子均被捕获,黑方控制了整个棋盘。一切完蛋!

曾经,一句古老的谚语这么说道:"如果你连'梯子'都不知道,还下什么围棋。"这句话很好地说明了"梯子"对围棋的局势相当关键。

现在,让我们稍微重新研究一下这个相同的情况:白方有一个棋子("圆圈"处)在棋盘的右边(见图 7-50)。下面会发生什么呢?

一样的开始:黑方在"1"发起攻击,随后白方逃向"2"。黑方在"3"发起攻击,随后白方逃向"4"。这样的模式一直发展到白方逃向"10"。此时,我们看到了下面的情况:

如果黑方继续在"a"发起攻击,那么白方将会在"b"落子,从而捕获黑方在"7"的棋子。如果黑方试图在"b"防守,那么白方在"a"落子,从而摆脱黑方包围(见图 7-51)。

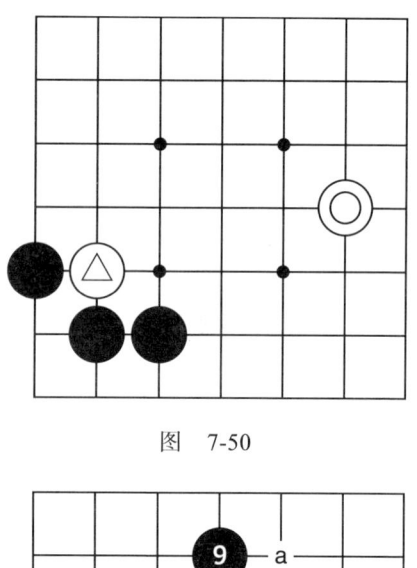

图　7-50

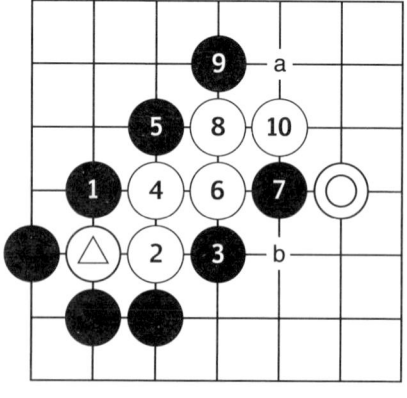

图　7-51

在棋盘另一边的一个棋子使白方逃过被歼灭的命运。这就是围棋有趣的地方：一颗看似与主要行动毫无关联的遥远的棋子却能够改变全局的走向。

读取"梯子"是一种技能。在19×19的棋盘上，开始一场捕获赛跑有许多种方式。如果发现自己受到攻击想逃脱时，那就创建一个"梯子"。在这种情况下，你得提前预测谁是这场赛跑的赢家。

如果你不认为自己能赢,你最好牺牲一个或者两个"棋子",这样也比输掉整个棋组好。如果你认为自己能赢,那么请你引诱对手进入一场他们无法取胜的赛跑,这最终将给你带来巨大优势。

抛网

在一条潜在"梯子"的路径上抛一个棋子是一种非常好的玩法。同样,在周围放置棋子困住对手也是一个非常不错的战术。

图 7-52 显示,白方想要捕获黑方的棋子("三角形"处)。白方不直接攻击,而是间接地在黑方周围布下一个网:

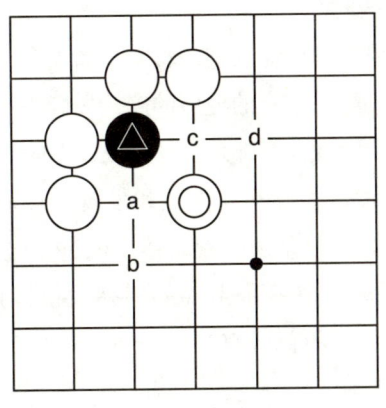

图 7-52

如果黑方试图从"a"逃跑,那么白方会在"b"阻拦。如果黑方试图从"c"逃跑,那么白方会在"d"阻拦。无论黑方如何挣扎,它都无法逃出白方的网。

除了栽在"眼"上,我的对手还不遗余力地一直引诱我过度扩张我的领土。我慢慢处于无法取胜的"梯子"上,困在我完全没意识到的网里,当发现的时候为时已晚。

熟练的玩家尤其擅长这些战术。如果不会识别像"眼""梯子"和"网"这些基本的形状,那么你就将会一败涂地。

把练习时间最大化

输掉游戏比赛后,我把对手的忠告谨记在心。尽可能多地观看那些水平在 10 到 20 级之间的玩家下围棋。不幸的是,我没看出什么名堂来。

网络围棋服务器对初学者来说做得并不漂亮。主要服务器和程序已经运行了很长时间,它的界面仍然保持 90 年代的老风格,操作方法也需要些时间学习。

这里似乎也没有多少低级别的玩家。如果你经验不足,一次次输掉游戏是常有的事,这样的经历的确让人愉快不起来。我发现大多数活跃在上面的游戏比赛都是在 8 级或以上的玩家之间进行的。

我尝试观摩了一些游戏,但是我发现这样的学习效率不高,有点跟不上节奏。我只是勉强跟着落子的进度走,但并不清楚为什么落子在这里。有时落子出现的序列太快,我根本来不及思考。我确信每个棋子的背后都有一个动机,但由于经验尚浅,我无法知晓该动机是什么。

完整的一局围棋比赛耗时超过 1 小时,这对我来说是一个障碍。好多次我开始兴致勃勃观看一场比赛时,却不得不中途离开,要么和女儿讲道理,要么帮老婆做家务。比赛是实时进行的,也就是说,我无法看完整场游戏。

我用了"历经百战洗礼"的方法和早期的经验尝试学习围棋,但作为一名初学者,这不是最有效的提升方法。我决定改变策略,开始进行结构研究,奋起直追。

人机对战

每天晚上,我会利用 45 分钟的时间来研究围棋问题。我一开始使用的是 iPad 上的 SmartGo 程序。后来,我试着阅读棋圣堂的《初学者的分级围棋问题》系列读物。

初步研究这些问题后,我便开始在一个 9×9 的小棋盘上与 SmartGo 内置的人工智能程序对战。游戏开始,我被让子 8 颗,居然被 SmartGo 击败。好尴尬!

然而,随着研究的深入,我的棋艺迅速提升。我开始利用我的障碍性棋子防守,这下我迅速攻击白方,抓住机会形成牢固的连接。

随着不断战胜这个人工智能程序,我的障碍性棋子从 6 颗降到 5 颗。30 局后,我的障碍性棋子数量徘徊在 4 颗。

预估分数颇具挑战:我的自我感觉不错,但实际得分却远远低于我的预期。想赢得比赛的话,就得增加你领土的有利落子。我当时以为可以增加领土的落子,但后来却没有做到,最终不但浪费了一个落子,反而还为对手打开了一个缺口,这就是我的问题所在。

经验之谈

我不仅研究了围棋问题,还阅读了 Sensei's Library 网站推荐的书目。这让我受益匪浅。

《围棋禁忌》(*How Not to Play Go*)这本书写得不错,作者 Yuan Zhou 提到:初学者常犯的几个错误会使他们遭受巨大损失。

- 没有经验的玩家盲目跟进他们的对手。例如，当受到攻击的时候，可怜的玩家将会自动进行防守、逃跑或者就地反击，而不会考虑其他因素。
- 没有经验的玩家不专注于整个棋盘。有时候，最佳的落子不是双方正在进行的地方，而是在棋盘的另一边，在远离一切的位置。战斗是激动人心的，而可怜的玩家可能会无视棋盘上更加安静的区域，在这里或许大有可为。
- 没有经验的玩家不会落下最有利的棋子。围棋要将综合成本和利益纳入考虑范围，即每次行动会花费一颗棋子，你应该让每颗棋子发挥它们最大的价值。通常情况下，如果你想要在其他地方获得更大的利益，那么你可能有必要牺牲一个或者两个棋子。
- 没有经验的玩家不重视主动性。在围棋里面，"主动性"是一件大事：你应该尽可能多地支配你的对手。不要过于专注于他们的行程，相反，你应该使对手为防止潜在的损失而随时感到惶恐不安，以至于他们把守卫已经得到的领土这件大事忽略掉。谁能够占据并保持主动地位，谁就能赢。
- 没有经验的玩家不擅长预估领土。他们往往只着眼于一场局部的战斗或者守卫一个棋盘上的小角落。然而，他们的对手则大刀阔斧地占据了大片的领土。
- 没有经验的玩家妒忌对手的位置。Yuan Zhou 把这种心理称为"红眼病"，这通常会导致玩家做出疯狂而毫无益处的事情，只是因为他们不甘于眼睁睁看着对方的领土变得越来越大。
- 没有经验的玩家屈服于一厢情愿。如果只用两个棋子即可捕获一组棋子的话，那会相当具有诱惑性。没有经验的玩家很容易上当，他们考虑不到不能连续两次落子这个问题，而且他们的对手也会做出反应。你以为对手会太笨，注意不到你正在做什么。结果，自己吃亏，浪费了宝贵的棋子。

以上观点醍醐灌顶，尤其最后一点让我印象深刻。我曾多少次试图攻击一组棋子，希望对手对我的计划毫无觉察。又有多少次我被诱入局部战斗，忽视了更大的棋局。

读完《围棋禁忌》(How Not to Play Go)后，我的棋艺获得了巨大的提升。我意识到我的最大问题是：一心只想捕获对手的棋子，认为它是通往胜利的捷径。在国际象棋和西洋跳棋的世界里，这招一定管用，但在围棋的世界里，它也许并不是制胜法宝。

捕获棋子有用，但它不是胜利的条件。守卫领土是围棋的目标，而通常情况下，你根本不用捕获对方的棋子就可以做到这点。我终于明白：捕获棋子的感觉虽好，但实际上可能适得其反。

古老的智慧

前人总结的许多关于围棋的谚语和成语可以作为教学工具。因为这个技能非常复杂，所以前人的经验可以帮助我们学习并记住一般情况下要遵守的法则。

这种教学方法最早由唐朝（公元 600 ~ 900 年统治中国）的王积薪提出，他总结了"围棋十大黄金法则"：[7]

1. 不得贪胜；
2. 入界宜缓；
3. 攻彼顾我；

4. 弃子顾我；
5. 舍小就大；
6. 逢危须弃；
7. 慎勿轻速；
8. 动须相应；
9. 彼强自保；
10. 势孤取和。

围棋还有许多这样的智慧。关于围棋的古语也不计其数。

- 敌之要点，我之要点。
- 逢豫脱先（在别的地方也能玩）。
- 杀棋要用"扳"（即将发起攻击的棋子）。
- 初学者下围棋叫"吃"。
- 开"花"一朵三十目。
- 枷吃。
- 先把拳头收紧再攻击。
- 李代桃僵，弃子转换。
- 赢棋别闹事。
- 骑虎难下。

需要思考的问题还有很多：跟随谚语是否是明智之举？它们存在的理由是什么？何时该忽略它们？毕竟，其中有一条谚语是这么说的："不要盲目跟随。"

的确，有一些古语非常适合初学者。我最喜欢的一条是："只有到了第10拳，你才可以看到拳头。"接下来通常是这句："只有到了第20拳，你才可以阻止它。"从我目前的经验来看，这一条非常有道理：熟练的玩家能够用我几乎无法察觉的方式攻击我。

看来，要学的还很多。路漫漫其修远，吾将上下而求索。

"五棋"问题

学习围棋已近一个月，我找到一篇由 Sam Bleckley 撰写的文章，里面介绍了他自己学习围棋的经验。[8] 同时，Sam 转述了一个朋友的建议——落子之前必须根据棋盘上的情况问自己四个问题：

1. 我能否确保我的其中一个棋组存活？（通过形成两个"眼""连接"等。）
2. 我能否捕获对手的其中一个棋组？
3. 我能否保卫我的领土？
4. 我能否入侵对手的领土？

这四个问题准确地抓住了围棋的四大优先考虑因素：存活、捕获、保卫和入侵。在落子之前弄明白这些问题，就能做出更好的抉择，从而避免权衡失败。

这四个有用的问题非常容易记住。在落子之前问这几个简单的问题，在进行较低价值的落子之前考虑一下最高价值的落子，就能够确保你此刻的决定是最棒的。

围棋要求在信息不完全和环境不断变化的情况下做出决定，所以这个自问方法非常有用。在一切不确定的情况下，这些问题解决了结构和逻辑这两个难题。更胜一筹的是，你还可以在生活的其他领域识别和使用"五棋"问题。如果你处于一种信息不完全、优先级需分配以及利弊需权衡的情况，但你此时又必须要做决定，简单而清楚的"五棋"问题或许可以帮到你。

达到目标

经过大概一个月的研究后,我达到了 20 个小时的预定目标。

我的学习成果是:基于 SmartGo 的数据库,我解决了 150 个分级问题;我的技能水平已提升至 18 级;我总共玩了 33 局对战人工智能程序的围棋游戏,目前有四个障碍性棋子。

同时,我学完了棋圣堂的《初学者的分级围棋问题》第一卷,该卷主要解决水平在 30 ~ 25 级玩家的问题。我目前正在看第二本书的中间部分,该书主要涉及水平在 25 ~ 15 级玩家的问题。保守估计的话,我现在的级别差不多在 18 ~ 20 之间。还不赖!

方法回顾

让我们回顾一下我学习围棋的核心方法。

- 我学会了这个游戏的基本规则。
- 我购买了一个棋盘、一套棋子和几本针对初学者的围棋策略方面的基础书籍。
- 通过研究分类的围棋问题,在计算机程序里和书本里,我找到了最重要的几种策略和方法。
- 我最初的练习专注于解决分类问题,以及重复那些我在一开始无法解决或理解的练习。
- 我不断解决问题和进行围棋实践,直到达到 20 个小时的目标。此时,我可以轻松解决 20 级的问题,竞技水平从初学者 35 级提升到了 15 级。

接下来做什么

  对于围棋，我感慨良多。这个游戏是如此深奥，若想技艺精湛，我还有很长一段路要走，即使我已取得一点点小进步。

  围棋和编程一样需要全神贯注，可我的空闲时间并不多。虽然围棋很有趣，但是一整天学下来，围棋更像是一种工作。此外，一局完整的 19×19 的游戏对决需要超过 1 个小时的时间来完成，如果因家庭重任而不得不结束游戏的话，对对手来说，是很不礼貌的。到目前为止，我的大部分游戏都是跟计算机对战，因为游戏随时可以进行，无须担心自己是否需要离开一会儿去做别的事情。

  我目前已经进步到可以领会围棋问题，所以当我想要解决问题的时候，我就很有可能会自觉地研究它们。和纵横字谜、数独以及其他类似的游戏相比，我更喜欢围棋，所以我的手机里会一直保留着围棋程序，一有空我就拿出来玩。

  等小家伙莱拉大一点的时候，我打算教她下围棋。对于一个四岁的小孩而言，围棋的规则足够简单。我小时候也拥有过与父亲下国际象棋的快乐时光。围棋可以训练一个人的分析能力、决策能力和权衡能力，我相信在未来的日子里，围棋会给我们带来无限的欢乐。

  这就是我学习围棋的初衷。除此以外，我没有想花更多时间掌握它的欲望。我的意思是，我只是想对围棋有足够的了解，满足满足我的好奇心就行了，但我并不打算再继续深入学习下去了。

  我想这是完全能够让人理解的。没有哪一条宇宙法则规定你必须掌握所有曾经学过的东西。探索新事物固然没错，但生活需要权衡。除了围棋，还有很多东西可以学，可以探索。

  不必为了"黑带"，委屈自己的生活。

第八章 尤克里里

学习心得：静心、训练、重复

"今天，像其他的日子一样，
我们在空虚中醒来兀自惊惶。
别这样去推开书房的门扉进入阅读。
先取下一件乐器。
让我们热爱的美成为我们的所为。
跪下来亲吻大地，有成百种方式。"

——鲁米（13世纪，波斯诗人）

> 关于本章的补充图像、视频和评论，请访问 http://first20hours.com/ukulele.

几年前，我读了汤姆·胡德金森写的《懒惰的智慧》（2005）（*How to Be Idle*）和《自由宣言》（2007）（*The Freedom Manifesto*），我陷入了深深的思考。书中传达的思想是：我们都太专注于工作，而无法让自己有放松的空间。我们应该学会放松，学会放下沉重的步伐，而不是非得把自己逼到苦海的边缘。

汤姆·胡德金森认为我们太过迷恋消费，急功近利，追求物质的富足，他提倡用适宜的方式追求最为简单的生活，比如园艺、烹饪和音乐都是绝佳的放松方式。

在《自由宣言》中，汤姆·胡德金森给读者推荐了一种叫尤克里里的乐器。

关于尤克里里

尤克里里是一种简单易学的四弦乐器，便宜且携带方便。它比吉他更具摇滚风格。学习尤克里里之前，必须得掌握CFG三个琴弦。

拥有一把尤克里里，你会发现生活不像以前那么枯燥乏味。

汤姆·胡德金森的观点与我不约而同。那时，我和凯尔西住在纽约上东区的一家340平方英尺的四星级酒店，每天支付着高额的酒店住宿费。我俩都忙于工作和事业，我们也在寻找合适的消遣方式。学习尤克里里是一个绝佳的选择，其乐无穷。

中学时代，我总是沉迷于校园的各种乐团。不但学会了演奏喇叭，还享受着合唱团带来的无穷乐趣。步入大学生活后，仿佛和音乐断了联系，汤姆·胡德金森的著作勾起了我对音乐的深深怀念。

学习吹奏喇叭的话，略显喧闹，并且一个人演奏难免有点孤芳自赏。况且，我每天都奔波于其他的事情，没有时间也没有兴趣加入乐队。再者，吹喇叭的同时不能唱歌，实属遗憾。

几经波折，我终于找到了一个演奏尤克里里的俱乐部，这里有一支来自夏威夷的乐队，他们的演出非常给力，也激起了我对尤克里里的浓厚兴趣。于是，我花了将近 175 美元买了一把尤克里里。

毕竟从来没有玩过弦乐器，只是在大学时代略微玩了一下吉他，所以当我得到它时，不知如何拨动琴弦。久而久之，它就和家里的吉他一起，待在了孤独的角落里。

尤克里里：生活的主宰

莱拉的降临，一夜之间，改变了我的生活。我不再是一个"宅男"，内心重新燃起了对尤克里里的浓浓热情，我开始对音乐有了新的认识。

我的一位挚友，纳特·赛贝尔特每天晚上都会在他的儿子杰克逊和费雷入睡前，为他们弹奏吉他。孩子们很喜欢，年复一年，这已经形成了习惯。

由于孩子们很早就开始受到了音乐的熏陶，因此他们的认知潜能也得到了良好的开发。目前，我们还不知道音乐是如何帮助大脑发育的，但是，它的作用是无可置疑的。[1]

我希望莱拉能够在一个充满音乐气息的环境中健康成长，我会尽我所能把她培养成一个聪颖、幸福、快乐的小女孩。学习尤克里里或许是消遣时光的美妙方式。

新起点

尽管我家里已经有了一把叫 Oscar 的尤克里里，但我还是情不自禁地爱上了另外一把。恰好我太太凯尔西的表哥斯密斯·埃里克拥有一手精湛的木工技艺,能够做出很好的乐器。埃里克的公司主要生产电吉他,[2]并且他也会在全美国的音乐节上展示他的杰作。

埃里克决定大胆尝试一下做人生中第一把尤克里里(见图8-1)——Grizzly:

这把尤克里里集众多名木于一身:主体是非洲桃木,并嵌入西班牙雪松、印第安紫檀以及纹理相间的红木和枫树木。在指板上嵌入了熊爪形状的珍珠,并且用鲍鱼形状的珍珠对声孔加以点缀。我给这把新的尤克里里取名为Grizzly,我太喜欢了,可以说是一见钟情。

美中不足的就是:埃里克的处女作价格在几千美元,略微有点贵。但是,它上乘的质量与其价格肯定是相匹配的,难道我能够因为价格而放弃它吗?

图 8-1

我决定买下 Grizzly 有两个原因:首先,即使作为一名初学者,能够弹奏高档次的乐器,至少在心理上是极大的慰藉,听起来会更悦耳。与 Grizzly 相比,以前的 Oscar 听起来多多少少有点木讷。因此,我觉得 Grizzly 会带给我更多的愉悦。

再者,在家里拥有一把如此精致的乐器,如果不能用心学会弹奏,实属尴尬,并且,就金钱而言,也是极大的损失。为了让这笔花费能够有意义,我会花时间好好学习。

辅助装备

在得到 Grizzly 的同时,我还拥有了另外两件有重要意义的装备：

- Snark（SN-6）的调音器，是一件电子调音夹子，价格不算太贵，安装在尤克里里上面，会增强琴弦的发声效果；
- D'Addario J71 Pro-Arte 的琴弦，是一种常用于吉他的经典琴弦，质地为尼龙，使得尤克里里的发声更加圆润，音符的跳动也会更加欢快。[3] 如果琴弦断掉，想要继续弹奏就得更换一根新的琴弦，因此，准备一些备用琴弦不失为明智的做法。

我还买了三本尤克里里的教程：

- 《尤克里里零基础教程》，是一本入门自学教程；
- 《尤克里里指板教程》，包含了一些高级的弹奏技艺；
- 《尤克里里每日教程》，是一本包括了从民歌到经典乐曲等不同种类音乐的参考书。

有趣的挑战

就在我买了 Grizzly 不久，我收到了作家克莱斯的邮件，他著有《100 美元起家》(*The $100 Startup*) 和《不协调的艺术》(*The Art of Non-Conformity*)。克莱斯每年都会举办一场趣味十足的"世界领先峰会"。千余名狂人、奇才，趣事济济一堂，你可以想象会有多么壮观，多么精妙。

最初，克莱斯邀请我在峰会上谈谈"个性 MBA"。但是，就在距离峰会召开还有 10 天的时候，一个发言人打了退堂鼓。克莱斯知道我一直在研读这本书，因此他又特意给我写了封信，询问我是否愿意再主持一场关于如何快速掌握技能的研讨会。

我欣然答应了。

在这次峰会上，我在公共场合的第一次发言将成为难忘瞬间。

当克莱斯给我和其他发言者发去另外一封邮件时，我正在起草新的发言稿，内容主要涉及我们在第一章至第三章中讨论的一些问题。同时，他还对我们说："如果你决定做一些让人觉得匪夷所思的事情，坚持下去。记住：任何惊世骇俗的事情，都会出类拔萃，越走越远。"

他的这番话让我陷入了深深的沉思……弹奏尤克里里会成为展现这些观点功效的有力方式。但在短短的10天时间内，我能否学会这门新的技能？

对我来说，可能充满了挑战性，但是我信心十足。我欣然接受了克莱斯的邀请，并回信予以告知。

现在，我已经准备正式开始用剩余的10天时间学习如何弹奏尤克里里了。

为你痴，为你醉

距离我第一次在公共场合表演，只有10天的时间了，我必须做出周密的计划，而且要快。这不是一件我能够轻易食言的事情，这将成为12年以来，我第一次在公众面前做与音乐相关的事情。

接受这一邀请后，我就暗自提醒自己一定要穿着得体，而且要表现得自然随和。我到底在想什么，是太过于重视这次露脸机会还是怎么了？

让这个天马行空的想法更加令人匪夷所思的是：台上将只有我和 Grizzly。没有乐队为我助演，如果我犯错了，那么会贻笑大方。

如果我表现很差，那么大家都会知道我有多么拙劣、多么糟糕。

一想到即将演讲和弹奏一件完全陌生的乐器，甚至可能在一群素不相识的观众面前高歌，我就六神无主、坐立不安。

距离演讲的时间越来越短，我还得考虑更多有可能发生的事情，并且我还有很多事情需要做。我真的好紧张、好担心。

何谓成功

我必须在10天之内学会弹奏尤克里里，设置这个目标对我来说是一个很好的开端，但是我该如何让这一目标更加理性、更加具体，这还有待斟酌。

我把预期达到的表现状态写了下来。我有一个小时的表演时间。如果我在半小时内完成演讲，展示我的中心思想，这就意味着我有20分钟用于演奏，10分钟用于与观众互动交流。

我预计用20分钟进行演讲，那么我应该重点讲什么？

这是一次宣讲会，而非演唱会，因此，我要用演奏内容传播一些关于如何快速掌握技能的方法，而且必须有趣且意义深刻。如果能够用一些关于音乐的趣事对演讲内容加以调剂，也必定是不错的事。

当我在记录这些想法的时候，我又有了新想法……这样会很有趣。

四弦乐

当我正在考虑演奏内容的时候，我猛然回想起了几个月前看到过的一段乐队视频。

Axis of Awesome[4] 是澳大利亚悉尼的一支喜剧乐队。这只乐队以演奏"四弦乐"而出名，并且结合了经典和最流行的曲目，在优酷上的点击量超过了 2400 万。

这只乐队演奏的大多数曲目是过去几十年的经典曲目，都是大同小异的四弦乐。反复演奏这些曲目，加上一些随性的歌词，那么一定会使自己一炮走红。

任何艺术家都对艾尔顿·约翰、甲壳虫乐队、约翰·丹佛、U2、红辣椒乐队、鲍勃·马利、碧昂斯、Lady Gaga 没有任何抵抗力。庄严的澳大利亚民歌"华尔兹"也将出现。歌曲演奏，加上介绍新曲目以及观众的鼓掌喝彩声，大概会持续 5 分钟。

同时，"四弦乐"既让人兴奋，又让人愉悦。经典名曲的演奏，让人领略了其旋律的基本结构，这足以证实流行乐是有套路可循的。尽管主题大相径庭，但是，这些旋律的特殊结构着实扣人心弦、沁人心脾。

以下是"四弦乐"的四个弦：

G/D/Em/C

我将学习如何弹奏"四弦乐"。如果自己的想法是切实可行的，我将试着演奏以前写过的流行乐。这听起来似乎是腾飞的起点。

事实证明，只要你知道如何操作乐器，学习这四个弦就轻而易举。现在咱们一起来看看该如何弹奏尤克里里。

剖析尤克里里

尤克里里有四根与琴身长度一致的琴弦。凸出琴身的那条长的弦叫作指板（见图 8-2）。

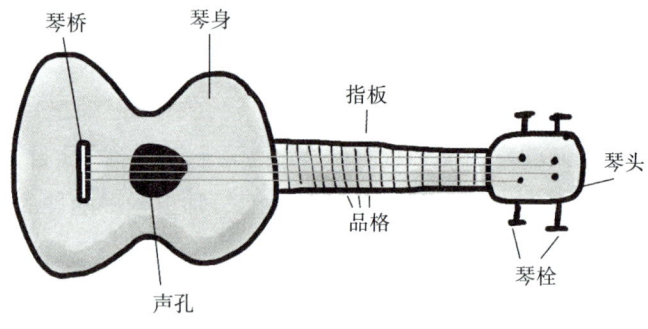

图 8-2

在指板上有一根长的木条叫作指珠。琴栓嵌入在琴的头部,将顶部的四根琴弦牢牢固定。这些琴弦从琴的顶部穿过发声孔,一直到底部的连接器。连接器将琴弦紧紧固定在声孔和指板上。

传统的演奏方法是:左手弹奏指板,用右手臂将琴身托着,靠近胸口。演奏者用右手手指(通常是食指或是大拇指)轻轻拨动琴弦,同时左手手指按住指板以便控制音度。

调音

每根琴弦都有调音功能:如果只拨动琴弦,不压住指板,音调就会应运而生。可通过控制琴栓调整每根琴弦的音调。力大,音调越高;力小,音调越低。

以下是关于尤克里里的几种常见的音调系数:[5]

- 底部第四根弦 =G(196 赫兹);
- 第三根弦 =C(261.6 赫兹);
- 第二根弦 =E(329.6 赫兹);
- 顶部的第一根弦 =A(440 赫兹)。

如果你有好的调音设备，那么调音是很容易的。说到调音，Snark SN-9 就会派上大用场了。当你把调音设备夹在主轴上，然后打开，拨动琴弦，调音师测量琴弦音调，并且将频率记录下来，告诉你音调偏平，还是偏尖。当音调到位，信号灯就会亮，你便可以移动到下一根琴弦。当四根琴弦都已经调节好之后，就可以弹奏了。

恰当的调音是非常重要的：如果调音不当，发出的声音即使是对音调麻木的人也会注意到。调音越准确，乐器听起来的效果就越好。

音调与和弦

如果你想在尤克里里上弹奏单弦，那么你只需要拨一拨琴身上振动声孔的琴弦，琴弦就会暂时变短，你拉动的时候，会振动得更快。振动频率越快，音调就会越高。

尤克里里和其他诸如吉他和钢琴一类的弦乐器的有趣之处就在于可以同时发出几种不同的音调。如果演奏者用右手拨动琴弦，他就可以同时弹出四个音调。一个娴熟的琴手可以用弹奏音调的方式压住指板上的琴弦，从而发出弦乐。

弦乐听起来非常饱满，并且颤音很强。琴手通过弹奏多重音调，可以同时产生美妙的旋律和悠扬的弦章。从一定意义上来讲，弦乐允许琴手自己给自己伴奏。

弦乐器与喇叭、黑管、笛子、萨克斯风的不同之处在于，琴手在演奏时只需要用手。如果多加练习，完全有可能在演唱的同时演奏出复杂的和弦，这就是歌唱家喜欢像吉他和钢琴一类乐器的原因。

演奏和弦乐

因为我是从零基础开始学习的,所以我很幸运可以有选择的余地:要么看着乐谱练习个音符,要么练习弹奏和弦。因为和弦乐对我而言属于新鲜事物,并且我有可能会边唱边弹,所以我正在向那方面迈进。

和弦图解释了应该用右手手指拨动指板上的哪根琴弦。如果你按照图解所示拨动琴弦,你就会很快学会弹奏和弦。

以下是"四弦乐"的四个调:

G/D/Em/C

以下是这些弦乐在尤克里里上面呈现的形状(见图8-3):

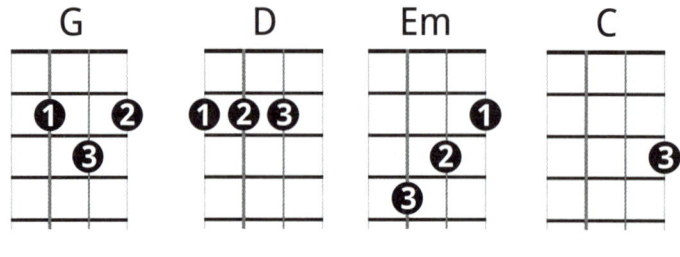

图 8-3

如果你将尤克里里垂直拿住,那么她就像一个图解表。图解表上端的粗线条代表了琴的指板,通常称为琴枕,它下面的每一条线叫作琴档,它与从指板凸出的金属片相呼应。

当你压低指板的时候,琴档会容易产生清脆的音调。当你弹奏的时候,不要压低指板:只需要拨动琴档之间的空间。因为当你压低指板时,手指下的琴档也会压迫琴弦,难以改变音高达到精确的效果。

弦乐图解表具体说明了为了弹奏某些弦乐，你需要压低哪一根琴弦，应该在什么位置压低琴弦。四根垂直线代表了四根琴弦：如果你竖直拿着琴身，左边的一根也就是第四根（位于顶部），右边的一根就是第一根（位于底部）。

黑圆圈表示你应该在什么地方压低指板，数字则代表你应该用哪根手指：

1：代表食指；
2：代表中指；
3：代表无名指；
4：代表小指。

根据图解表，如果我要弹奏 G 调弦乐，那么我就需要用食指、中指和无名指压低底部的三根琴弦。我的食指应该推动在第二个琴档上的第三根弦；我的中指应该与第一根弦保持同样的位置；我的无名指应该压低第三个琴档上面的第二根琴弦。

说起来可能比较冗长，不过操作起来还是比较容易的。一旦你明白哪根手指应该怎么放置，那么弹奏和弦乐就会成为一项自然而然的事情。如果你想奏出一种特定的弦乐，你就需要明白手指应该呈现什么样的形状，以及需要在什么地方压低指板。

练习弹奏弦乐，借助一套讲解如何弹奏普通弦乐的参考资料非常有帮助。简短的网络浏览，我发现了"维基尤克里里必备讲解表"，[6] 可以从网上直接下载。这套指南是由《维基尤克里里——新西兰尤克里里指南》的作者狄克孙·麦克编写的。

有很多方式可以找到弦乐的讲解表：内容非常翔实，包含了一整套弦乐讲解表。这套表格是按照使用的频率编写的，这就是它的独到之处。像"四弦乐"这类常见的弦乐位于首位。因为

G#sus4 不太常用，所以位于表格的末端。

以使用频率作为编排顺序是非常有用的：用力规律也运用到了音乐当中。想要弹奏音乐，你不必知道数以千计的弦乐，10～12 首弦乐基本上已经涵盖了大部分弦乐的种类。

弦乐练习

我在"四弦乐"中挑选了弦乐的讲解表，并且花时间学习了指法。当我可以用手指在指板上做出恰当的手形时，我便可以拨动四根琴弦了。事实证明，讲解表真的很有用：因为它足以帮助我弹奏出悦耳的弦乐。

在初学阶段最大的挑战在于能够让琴档正确发挥作用，如果用力不够，不但琴弦不会发出清晰的声音，而且只能听到刺耳的声音。

我学习四个弦乐的时候，每个弦都练习一个小时，按照程序重复练习：

```
G...D...Em...C...
G...D...Em...C...
G...D...Em...C...
G...D...Em...C...
```

这是技能获取的第一个阶段：帮助大脑将某些思维，诸如弦乐名与左手肌肉运动模式相结合。后来，无论我手指不论怎么弹，都能够弹奏出 Em 弦乐，但是要想达到某种理想的效果，还必须用手指做出正确的形状，用力得当地按动指板，并且还得按照顺序在弦乐之间进行转换。

在睡觉之前，我也会用触摸式方法练习。在睡觉之前练习，可以保证大脑尽可能有效地巩固这些运动。

弹奏模式

第二天，我便能够弹奏四根琴弦，并且随意转换指法，完全不像是一个小时的成果。既然我已经知道如何运用我的左手，现在我就需要专注于如何有效使用我的右手。

为了弹出琴声，当左手忙于弹奏弦乐的时候，右手拨动琴弦。鉴于这一点，我一直在使用一种最基本的弹奏模式：数到4，然后开始以计数的方式进行弹奏：

```
1   2   3   4
1   2   3   4
1   2   3   4
```

很多歌曲，都是以4/4拍写在乐谱上的。如果不太专注细节，4/4拍的歌曲大约是以4个强拍构成的。

下一次你再听到一首歌，试着在大脑中跟着节拍从1数到4。经常这样，你就会注意到固定的模式。

当然，如果每首歌都是以单调、固定的弦乐或音调组成，音乐很快就会失去应有的韵味。为了增加音乐的趣味与多样性，音乐家绞尽脑汁地运用一种叫作"切割法"的技巧打破了这种单调的固定模式。

"切割法"意味着使用一种不同于常规的渐进式拍子的演奏方式。下面是使用"切割法"之后听起来的效果：用一只手，以简单的节拍轻拍你面前的一张平滑的表面，可以是桌子、椅子或是任何一个光滑的表面。节拍必须保持强烈而有序。当你打拍子的时候，反复从1数到4：

```
1   2   3   4
1   2   3   4
1   2   3   4
```

是不是很简单？

现在，当你打拍子的时候，加入转音。用另一只手以下面的方式打拍子：

```
1 and 2 and 3 and 4
1 and 2 and 3 and 4
1 and 2 and 3 and 4
1 and 2 and 3 and 4
```

这是最为基本的"切割法"。"和调"上的节拍，与标准的节拍不太一样，它加进了一些使旋律更加有趣的多样性。

娴熟的音乐家会花很多时间研习"切割法"。每一个拍子，都可以分为很多部分。将拍子分为四个部分是很常见的，如果以数字的方式计算起来就像下面的方式一样：

```
1e&a 2e&a 3e&a 4e&a
```

这就是常见的"1-e- and -a，2-e and -a，3-e- and -a，4-e and -a"。"e"属于长调，有点像"eagle"，"a"属于短调，类似于"ah"。

音乐家通过强调某些节拍，以及彻底去掉一些节拍，便可以创造出所有与歌曲相匹配的节奏韵律。

因为放在尤克里里上的右手会保持节奏，所以很有必要知道这一点。如果我想避免一些乏味的旋律，我需要花时间搞清楚有趣的弹奏模式。

经过一些试验，我成功掌握了一种模式：

```
1&a e&a 3&a e&a
```

弹奏这些旋律的时候，我得花点时间练习右手，但是我最后还是成功掌握了。首先，当我在弹奏时，我弹了一个较为简单的C调。一旦我对自己的演奏感到满足，我便开始按照四弦乐的顺序进行弹奏，在1和3拍之间进行变换：

```
G     D
1&a e&a 3&a e&a
Em    C
1&a e&a 3&a e&a
```

基于这一点，我便开始进行实际演奏了：我用左手以正确的顺序打击弦乐，用右手跟上弹奏模式。

我第一次用尤克里里进行演奏，很简单，但是很成功。

我按照这些顺序反复练习。我一觉得满足，就闭上双眼，就试着不看指板和琴弦进行弹奏。我也犯了一些错，但是我能够让歌曲继续进行。

2个小时的练习结果还不错。

边唱边弹

既然我已经能够在弹奏弦乐的同时跟上弹奏模式，我就要求自己有更多的进步。我在想能否在唱歌的同时弹奏尤克里里。

因为"四弦乐"很容易分辨，所以也多了一些趣味。没有歌词，听起来就好像我在重复弹奏同样的曲调。当然，毋庸置疑，没有歌词的歌曲会给人更多的想象空间。

年复一年，我遇见了很多同道中人。其中最出色的是CDbaby.com网站的创始人斯维尔·德莱克，他是一名成功的歌手和吉他手，所以我向他征询了很多关于如何取得进步的建议。以下是他的建议：

> 首先通过唱的方式记住歌曲。将演奏知识与演唱知识分开是非常重要的。你可以在没有乐器的情况下演唱完整首歌（音质没有太大关系，唱也好，哼也好，吹口哨也好，什么都行）。

一旦你记住了歌曲，即使忘记歌词，你也可以把音符唱出来。要想记住歌曲，就像这样——闭上眼睛，这是非常容易的事。

　　最后，加入乐器，拨动琴弦的同时把旋律唱出来。

　这是充满智慧的解构方法：将烦琐复杂的过程分解成一些简单的部分。你若是想一边唱一边弹奏，就必须牢牢记住歌词与旋律。首先得学会把歌曲和演奏分开，你必须牢牢记住歌词，从而保证你在加入乐器的时候不必过多回想。

　如果你记下了歌词，那么当你弹奏的时候，你可以尝试着把歌词转换为它对应的和弦名称，这样变换旋律会更得心应手。因为歌词有自己的节奏，所以你可以运用它们记住变换旋律的最佳时刻。

　最后，有节奏地唱出变换后的和弦，按照弹奏的模式拨动琴弦，这有助于你的大脑将零碎的弦乐拼凑在一起。如果你能够将每件事拼接在一起，那么将和弦名转换成歌词就非常容易了，因为你已经记住了这些弦律。

　我将德莱克的建议记在了心中，并且通过反复听，开始记忆"四弦乐"的歌词。接着我开始将歌词记在笔记本上，然后凭借记忆反复练习。

　当我哼着调子的时候，一边在尤克里里上弹奏歌曲，并在大脑中记住和弦名。很容易注意到应该在什么时候变换和弦调，猛然间，我开始边弹边唱。

　加入歌词比我想象的要简单得多。偶尔我会忘记一些歌词或是记忆混淆，所以我停下来，又从头开始。

　练习5个小时之后，我能够一边弹一边唱一首完整的歌曲。尽管结结巴巴的，不过是一字不落。

距离登台还有 5 个小时，我完全可以单独进行很好的表演，但是，当台下观众看着我的时候，我能不能控制住场面？

自由演唱

为了跟上节拍，我反复练习，甚至在上床前的一刻都还在练习。目标很明确：我想变换和弦乐，遵循弹奏模式，并且演唱歌词只需要些许的脑力付出和注意力。

练习的过程或许有点乏味，但是非常重要。以上的每一点都是该阶段不可或缺的部分：分析、重组、试验。现在，我需要向整合阶段迈进，并且下意识地让肌肉参与其中。

每天，我都会反复弹唱歌曲，我已经记不清楚具体多少次了。过渡期非常顺利，弹奏模式也变得越加连贯，我渐渐可以记住绝大部分歌词了。歌曲中会有过渡，这里应该有大名堂，我还得额外花时间练习。

刚好明白其中的奥妙，我就得启程去波特兰了，不过这一次我是和亲爱的 Grizzly 一起去。

表演时间

我的表演定于会议的最后一天。让我高兴的就是，会议日程多给了我至少 2 个小时的练习时间，不过这两天时间让我担惊受怕，担心自己在台上的表演。

到了演讲的那一天，我弹奏 Grizzly，在会议开始前的 1 个小时练习了最后一遍。1 小时后，我带着 Grizzly 走向了会场。

我不确定有多少人会期待我的表演。由于这只是一个相对较小的屋子，所以我稍微放松了一点点。我不敢确定我会将整个场面搞成什么样。

会场人山人海，尽管房间里只有40个座位，但是到场的人远远超过了40个，甚至还有一些演唱民歌的人站在观众席旁边，气氛十分活跃。

当我介绍完技能习得研究与方法之后，拿出了尤克里里，大家都异常兴奋。我尽力压制住自己内心的狂躁。

开始进入主题，我先弹后唱。

演唱很顺利，比我预计的效果更好。尽管这不是一场华丽的演出，但是至少我没有把整个演唱搞糟，没有遗忘任何一个节拍，没有忘记任何一句歌词。观众喜笑颜开，不断拍手鼓掌。

我的练习是值得的，我能在人群中引起大家的注意，也很享受舞台，而不是仅仅看着指板或是琴弦。

手指拨弦

当演唱结束之后，我又向观众展示了我在练习中所学到的一些技巧：如果你按照一定的顺序弹拨琴弦，而不是漫不经心地同时拨动它们，那么这样会让你的音乐听起来有更丰富的层次。弦乐实际上是大同小异的。

这项技巧叫作手指拨弦，并且你有很多种方式做到。我所展示的方式非常简单：依次拨动第一根弦、第四根弦、第二根弦、第三根弦。重复这样的模式，而左手弹奏和弦，每个音符间都有着非常自然的衔接。这样的弹奏方式使音乐听起来抑扬顿挫。

演出非常成功，而且趣味十足。我很庆幸冒了一次险，把自己向前推进了一步。事实证明，从零基础开始学习，短短10个小时的练习时间，达到的效果还不赖。

1–4–5

一次偶然的机会，我在大厅外面遇见了会上的一位朋友Melissa Dinwiddle，她是一位美术家。那天，她恰巧也带了尤克里里，于是我们就开始交流了起来。

那天，Melissa 教会我的一件事就是一首歌的结构，叫作"12蓝调"。

我没有接触过太多乐理知识，但我想每个音调都有相应的弦乐，也有一个弦乐"族"，作为根音的陪衬。如果你可以弹奏根音及其弦乐族系里面的弦乐，你就能够弹奏数以万种的常见歌曲。

咱们以《小星星》为例，整首歌可用三种弦乐遵循以下级数进行演奏：

C/F/G

以下是和弦图解表（见图 8-4）：

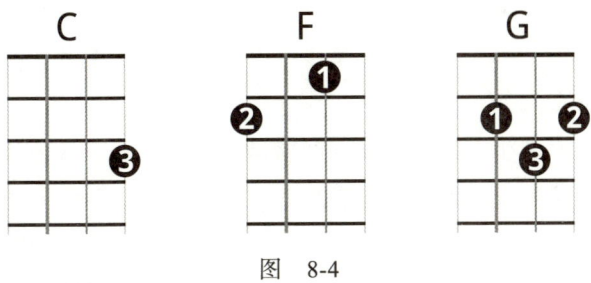

图 8-4

在这种情况下，C 调是根音，或叫作 I 和弦。F 和 G 是这个族系中的另外两个和弦。F 属于 IV 和弦，G 属于 V 和弦。

只需要弹奏这三个弦乐，你就可以弹奏几乎所有类型的歌曲，比如：

- "The A B C Song"
- "Frosty the Snowman"
- "Elmo's Song"

那就意味着我已经知道回到家时该如何为莱拉弹奏儿歌以及其他蓝调歌曲了。

接下来 10 个小时的练习时间，我全部用在研习我可以弹奏的新歌上面了。时间飞逝，在钻研《尤克里里每日教程》时，我还从《尤克里里零基础教程》上学到了一些新近的弹奏模式，并且从《尤克里里指板教程》上学到了一些基本的乐理知识。

方法回顾

现在我想和大家一起来回顾一下我学习弹奏尤克里里的核心方法。

- 购买一把心仪的尤克里里、琴弦、一个调音器以及其他必备的配件。
- 我专注于一些最常见的和弦以及弹奏模式，这样足以让我弹奏数以万计的流行乐。
- 一旦我能够在不看指板和琴弦的情况下弹奏和弦，我就开始练习，直到我能够按照弹奏模式而随意进行和弦的改变。
- 当我对基本的和弦以及弹奏模式感到满意时，我便开始一边哼，一边弹。慢慢我学会了歌词及曲调应该在什么地方变换，然后我便开始添加歌词，直到可以边唱边弹。
- 我不是一味地弹奏，而是不断琢磨，用手指弹奏同样的和弦，这对我能够弹奏更多复杂的歌曲很有帮助。
- 我学习了I、IV、V和弦，从中我知道了如何弹奏更多的歌曲。

接下来做什么

我很爱我的尤克里里。在学完《每日尤克里里歌曲教程》并在线浏览了一些歌曲后，我知道了该如何弹奏更多我想弹奏的歌曲。一些有难度的和弦值得学习，所以很长一段时间以来，我都忙于学习无穷无尽的弹奏模式和指法。

学习尤克里里最大的一个好处就是它可以为我减压。除了对它做基本学习外，我并没有想到要用它演出，甚至在将来成为一名专业的尤克里里演奏家。当我拿着尤克里里，学习新歌与指法技巧时，我会感到些许放松与闲适。

现在，莱拉已经可以记住歌曲了，我那布满尘埃的Oscar Schmidt也马上能派上用场了。它是莱拉的尤克里里，现在已经成了莱拉的宝贝了，她时常坐在我的膝盖上轻轻弹拨琴弦。我已经能够弹奏她熟知的歌曲了，所以她睡觉前总会让我给她弹奏"ukuyaya"。

生活因音乐而更精彩！

第九章 帆板冲浪

学习心得：大自然的环境因素

"我们并不是在同身体做斗争，而是与环氧树脂、碳纤维、单膜做斗争；和自我、梦想和顽强的意志做斗争。"

——克里斯·泽提瓦格，帆板运动员

> 关于本章的补充图像、视频和评论，请访问 http://first20hours.com/windsurfing.

我在湖中央，拼命想扬起帆，但这并不容易，胳膊、腿和背部的肌肉都止不住地颤抖。

一股强西北风吹在湖面上，吹起阵阵波浪，我脚下的帆板在波浪上来回晃动。

我控制帆船下降直至落回水面上，停下来适应帆板的节奏。

西边，一场风暴正在酝酿，乌云已覆盖山顶。

该回去了。

我弓起身子，收起绳索，把风帆从水里拉出。在半个小时内，我这个动作至少重复了30次。我希望能在暴风雨来临之前回到岸上。

暴风雨快要来了……我不是很擅长操纵这个古怪玩意儿，但我不得不学着去驾驭。划回岸边真快要了我的老命。

水上生活

曾经消磨在水上的暑期时光，对我来说是非常美好的回忆。长大后，我非常热衷于参加美国童子军夏令营。好几个暑期，我都是在菲尔兰兹营和艾弗里手营中度过的，这是美国俄亥俄州北部的两大营地。

我最后一次待在夏令营那会儿，有幸在大名鼎鼎的鲍勃·史利尼"水族"营担任水上助理主任。鲍勃营提供的是水池类传统项目，比如短距离游泳、救生和长距离游泳。而我负责的项目是各种水上船舶运动，如皮划艇、赛艇、帆船和汽船。

在那里的每一分、每一秒都让我迷恋不已。一天中的绝大多数时间，我都待在水上，教小童子军如何安全地享受水上船舶运动。对我来说，找到最佳的教学方法是一件充满挑战且累人的事。

上大学之后，我就再没玩过水上运动。我在辛辛那提的第一份工作占用了我大量的时间，并且最靠近我工作地方的俄亥俄河，虽然很大，但却不是玩休闲船艇的理想场地。后来，我和凯尔西搬到了纽约市中心，最近的划平底舟的地方就是中央公园了。不久，我们又去了科罗拉多州，我确信划船的时光一去不复返了。因为，这个地方出了名地缺少水资源。

你知道吗，最近我被邀请去北部小镇的一个小型私人湖泊度假，它离家也只有几英里远。

我兴奋得头都晕了！这是这么多年来，我第一次可以在水上尽情玩耍。可我首先应该怎么做？

有 Bug 的风帆运动

我的第一个想法是去划赛艇，因为湖面足够宽广，能够用双桨。不幸的是，标准的划艇又大又笨重，就算是最小号的船桨也很长且经不起折腾。把这么大一个家伙放在湖里，我还真不敢保证不会出事。玩帆船也挺麻烦，会面临增加费用的困扰，连基本的设备都得花费一大笔钱，这也太不划算了。除了停泊，我可不想再花 10000 美元在设备上。

皮划艇倒是容易，价钱也更便宜，但自己玩又没意思。与大多数独木舟相比，它的长度更适合两个人玩。

汽船和摩托艇不在考虑范围内，因为湖的主人只允许马达在 9 马力左右的船只在湖里活动。而且我也不喜欢汽船和摩托艇，相比之下，我更喜欢靠人力玩的设备。

正在我纠结时，我偶然发现了一条由佛罗里达海湾海岸大学海洋生物学教授詹姆斯·道格拉斯拍摄的视频。他不仅是一位生物专家，还是一位多才多艺的风帆冲浪员，并且他还在他的个人博客[1]上发表过有关这项运动的精彩信息。

视频中，詹姆斯把一台高清防水摄像机拼装在方程序帆船的帆杆顶部，以便一次捕获所有的动作[2]。随后，他"飞"离水面，跃过小波浪，飞快地驾驭帆船，最后给出一个漂亮的转身。

我被迷住了，连着看了好几次那条视频。之前，我从来没有玩过风帆冲浪，但我突然想尝试一把。

风帆冲浪运动满足了我所有的要求：自己操控，必要的装备不大也不笨重。我粗略估算了一下，它也不怎么费钱。我需要买装备，但基本装备的价格还不至于让我倾家荡产。

风帆冲浪看上去很好玩，但在我投身于此之前，我要确保它是安全的。我不是天生喜欢寻求刺激的人。如果有危险，那我还是保守点儿去做别的事情。

如果我要玩帆船，在这之前我想知道它的风险。哪些地方可能会出问题。

风帆冲浪运动危险吗

风帆冲浪运动经常被贴上"极限运动"的标签，但它的极限程度取决于你想要玩什么类型的帆船。我想在平静且封闭的小湖上学习，它的确比驾驶小帆船更让人紧张，但却没那么疯狂。

在海面上风帆冲浪有着更多显而易见的风险。不断拍击到岸边的海浪使靠岸变得更加困难，而远离岸边则是非常危险的。海洋增加了风帆冲浪运动的趣味性，比如跳跃波，但它同时也增加了危险性。相比在海洋上进行风帆冲浪，内陆湖是非常安全的。

但是，无论你玩什么样的帆板运动都面临明显的安全隐患：溺水和体温过低。这是不可避免的：当你站在一块浮动的泡沫塑料上，暴露在广阔水域中；在有风的日子里，手还要扶着大帆让它保持直立。如果没有准备好，坏事随时都有可能发生。

两个主要因素会导致溺水：受伤和疲惫。如果在运动中四肢受伤或者脑震荡，那么很可能会在水中失去意识；如果因精疲力尽而无法回到帆板上或驾驶它回到岸边，溺水事故也会发生。

预防溺水最好的办法是：（1）佩戴个人漂浮装置（通常称为

PFD 或救生衣）；（2）到附近有人的地方玩，无论是水中或岸边。如果陷入困境，谁都希望附近有人能够帮助[3]。

低温一样可以致命。在寒冷、潮湿、多风的条件下，身体热量流失速度非常快。一旦核心体温下降到低于 95 华氏度㊀，心脏、肺和神经系统就开始关闭，从而导致死亡。除非核心体温恢复到正常工作水平，即 98～100 华氏度。

体温过低之所以特别危险，是因为它是逐步发生的。由于核心体温的下降，颤抖、神志不清、丧失协调能力的症状开始出现。接着，身体灵巧性受损和判断力丧失。对于依靠良好判断力和身体技能回程的人来说，低温是一个重大威胁，因为它太容易被忽视。

在水温超过 65 华氏度的地方，低温不算是一个大的威胁。低于这个温度，在进水前就要确保穿戴有防寒材料的装备——湿式潜水服。

湿式潜水服由轻薄柔软的材料制成，能隔绝水，类似于氯丁橡胶。现代潜水衣的额定厚度是以毫米为单位的，并且通常设计成躯干部位要比四肢厚些。这种设计出于两点考虑：第一，使躯干部位可以更好地隔绝水，起到有效保持体温的作用；第二，四肢部位材料少能够保证肢体的伸展性，便于运动。对于在寒冷条件下进行的风帆冲浪运动，不仅要考虑绝缘性，还要考虑灵活性。

在一般天气状况下，两套潜水服的组合能提供最广泛的保护。在温暖的水域，露出胳膊和大腿的短袖潜水服是最合适的：躯干部位 3 毫米厚、四肢部位 2 毫米（3/2 型）厚的就足够了。在低于 65 华氏度的水域，全身（5/4 型）的潜水服搭配上靴子、手套和氯丁橡胶罩或防护帽是最好的选择[4]。

㊀ 摄氏度 =（华氏度 –32）÷1.8。——编者注

加州的沿海地区是很受欢迎的帆板运动地点，所以该州的船舶与水路部门整理出了一本安全小册子[5]：

1. 关注当地的天气和潮汐预报；
2. 告知亲友自己要去运动的地方及回程时间；
3. 根据具体情况穿适合的衣物；
4. 穿美国海岸警卫队批准的附有哨子的救生衣；
5. 烈日炎炎或潮湿闷热天，须多饮水；
6. 检查设备有无损坏或疲劳迹象；
7. 结伴下水；
8. 离岸风天气，勿再航行；
9. 低温可致命，身体一打颤就请回到岸边并热身；
10. 不要离开帆板，绝对不要试图游回岸上。

官方也派发了一个简单的下水前的小册子：

下水须知：
1. 仔细检查安全绳；
2. 注意地平线上的乌云——暴风雨来得特别快；
3. 如有顾虑，请勿出行；
4. 聪明的风帆运动员会采取最安全的运动方式，而不是陷入绝境等待救援。

这些都是常识，但也都非常重要。风帆冲浪运动是很有趣，可一命呜呼却不那么有趣。如果稍稍规划准备一番，风帆冲浪的主要风险就会降到最低。

要从哪里开始

如你所预料,美国科罗拉多州北部并不是一个主要的风帆运动点。如果你有一处练习场地,有足够的风,那么太值得去进行风帆冲浪运动了。但与华盛顿哥伦比亚河流峡谷这类的热点区域相比,科罗拉多州北部的风变化莫测,强度不够大,持续时间也不长。

此外,在北科罗拉多州很难见到大型水体。由于弗兰特山脉大部分属于高海拔的半干旱草原气候,像湖泊这样的水体很难自然形成。该地区的"湖泊"几乎都是为当地农民蓄水的人工水库。水库的水由卡什·拉·普德勒河补给,它携着雪水从山上流到低地的平原。

因此,当地的地理条件非常适合玩爱斯基摩划子,而不是风帆冲浪运动。我不知道谁会定期玩风帆冲浪,但似乎当地没有卖帆板之类的装备。同样,在当地寻找冲浪运动教练无果后,我似乎只能靠自己了。我能找到的最近的授课地点在丹佛,它需要一个小时的车程。这让安排课程变得像是一场游戏:有些日子有风,有些日子又没有。也就是说,课程可能随时被取消。

虽然面授最理想,可目前的工作和家庭责任让我不能离家太远。如果我能得到合适的装备,就能马上学会风帆冲浪,对这一点我很有自信。

接下来是大问题:如果附近没有装备卖,我该怎么办?据我所知,帆板和帆好像比联邦快递和 UPS 公司平时运送的包裹都要大得多吧?

如果没有装备,我的计划就要夭折了。

整装待发

我最开始掌握的信息都来自詹姆斯教授的网站，上面有大量的新手教程帖。我看过的最早的一篇帖子是《风帆冲浪的 18 个常见问题解答》[6]，其中就包括必要装备指南。

从"问与答"帖子看，我至少需要一个帆板、一张帆、一件个人漂浮装置和一套湿式潜水服。在读了詹姆斯网站的每篇帖子后，我把各种看上去都非常有用的装备列在了一张清单上，并试着选出两个最佳装备选项来。之后，我还给詹姆斯写了一封电子邮件表示感谢，并询问他的意见。

最关键的问题是我应该用哪种类型的帆板和帆。詹姆斯在方程序帆板上的运动视频让人印象深刻，我也很想像他那样。但我不知道刚开始学就用方程序帆板是不是一个好主意。经过一番研究，我还发现另一个备选帆，它是一种叫 RIO 的丰满型帆板，是由 Starboard 公司制造的。RIO 帆板广受好评，新手用着非常上手不说，它还能在绝大多数情况下通用。它不像方程序帆板那样速度太快不好驾驭，还可以胜任多种状况。

我不知道怎么做选择，所以咨询了詹姆斯：

> 我是个风帆冲浪方面的"菜鸟"，还从没玩过帆板。我希望您能给作为初学者的我一点儿经验指导。我在试着攒齐一套装备，正纠结是选 Starboard 公司的 RIO 中号板还是它家的方程序 167 板。RIO 板看起来挺适合初学者的，但是我想尽快学会"水面滑行"。我将只在平静的水面上进行风帆冲浪，还想学会能在少风的水里航行（船速 4~5 节）。就我目前所读的帖子来看，方程序帆版"水面滑行"得更快，在弱风条件下表现得更出色。我的顾虑是：还是新手

就拿方程序帆板练习会不会有点儿不正常？我不怕受挫折，而且与其买一堆帆板一个一个尝试，不如只买一个拿来练习。如果我入手方程序帆板，是不是意味着我会很容易弄坏装备或是把自己弄伤？

期待您的任何建议——真心感谢您的帮助！

一个小时左右，我收到了回复：

1. 关于方程序帆板在弱风条件下表现更好的说法，其实是个误传。与其他帆板（船速7～8节）相比，它的确能够在弱风条件下滑行，但这是需要老手摆动11～12平方米的大帆才能完成的。如果方程序帆板不拿来滑行，那么它就成废品了，因为它短而宽，还没有中插板。对于"非滑行"条件（说实话，10节以下的所有航速）来说，一个长点儿、窄点儿、带有直插式稳向板的帆板（如RIO M型）比方程序帆板驾驭起来更快、更上手。

2. 如果用方程序帆板来练习，不大可能会伤到自己，除非用调整索控制太大的帆时会伤到背部。不过你不可能会受伤的，因为你就没可能驾驭得了它！怕是你倒会把帆板弄伤，因为帆板很薄，当你放下帆具时，很容易就会打到它。

3. 尽管GO 171型号的帆板也不错，但是RIO M型似乎是最好的。它甚至还适合急于想学会的人，适合来做轻松点儿的"水面滑行"和使用脚套。

4. 我的建议是买几个不同大小的帆，如此你便能挑战下自己的极限，知道自己能驾驭多大的力，无论在多大风力强度下。在最开始和之后遇到大风状况后，你会希望自己有的是一个不超过6平方米的帆……我有一个帆板计算器,能够估算出需要的帆的面积,以便能够让你在限定风力条件下进行"水面滑行"[7]。

5. 如果风力很大的话,你只有用小号的帆才有机会在水面进行滑行。因为与在弱风条件下使用大帆相比,在强风条件下使用更小的帆进行滑行需要的技巧要少得多。

詹姆斯的话可谓是无价之宝!他消除了我对帆板和帆的一些误解。他无私分享经验的善举帮我省了几千美金,让我不知少走了多少弯路。

詹姆斯还给我推荐了一家位于威斯康星州首府麦迪逊的店,名叫 Isthmus Sailboards,它家在网上出售风帆冲浪装备。我给这家店打了电话,名叫盖瑞·斯通的负责人之一帮我整理出一张我开始练习需要的装备清单。

下面是我的最终订单:

- Starboard 的 Rio M 号帆板;
- Chinook Powerglide 的 4.7 平方米的帆;
- Chinook 的运动型 AL 帆杆;
- Chinook 的 400 厘米的桅杆;
- Chinook 的 US 桅杆延伸杆;
- Chinook 的 US 单栓桅杆基座;
- Chinook 的蹦极用调整索;
- Mystic Crossfire 的 5/4 全身型湿式潜水服、氯丁橡胶靴、手套和冲浪帽;
- Mystic Crossfire 的 3/2 半袖湿式潜水服,Vibram 的氯丁橡胶五指鞋;
- Dakine Surface 的个人漂浮装置。

总投资（包括运费在内）约 3000 美元。帆板不怎么便宜，但如果我使用得当，设备应该能用很久。

起初，我是倾向于买大号帆的，但盖瑞已经教人冲浪了 20 多年了，他知道了我的想法后赶紧跟我商量。他说大帆在低风条件下可能会用着更爽，但前提是要知道如何去用。

大号帆销量下滑的原因是它们太重了，而且更难在水上提起来。如果我一边用大帆进行风帆冲浪，一边学保持平衡和转向的窍门，用盖瑞的话说，就是"还不如死了来得痛快"。

我还想好好活着呢，所以听从了盖瑞的建议，买了小号的帆。我再强调一句：做决定前听从老手的建议是有必要的。跟盖瑞在电话里讨论了半个小时后，我在他家提交了订单。

事实证明，无论身处何地，快递公司都能够并且愿意提供运送冲浪板大小的货物的服务，所以，拿到装备比我想象的要容易得多。家里估计大约要花一个星期才能收到装备，所以在此期间，我开始上网提前学习如何使用它。

收集资料

花了点儿时间浏览互联网后，我找到了一些介绍风帆冲浪的资料：

- 《禅宗入门指导及风帆冲浪的艺术》，弗朗克·福克斯（1988年）；
- 《风帆冲浪》，彼得·哈特（2005年）；
- 《在周末学习风帆冲浪》，菲尔·琼斯（1992年）；
- 《从"菜鸟"到老手》(DVD)，杰姆·霍尔（2006年）。

这些资料都在解释风帆冲浪运动术语、理论及基本技巧方面做得很好。杰姆·霍尔的教学DVD非常到位地讲解了如何在水里驾驭帆板：示范性教学能更简单地解释复杂动作。这样下来，书就显得没什么优点了。因为与详细讲解如何去做的视频相比，书上再好的例证都不能让人了解得那么清楚。

让我立马被打动的一件事是：很多传统帆船术语都被用到了风帆冲浪运动上。这是有道理的，因为风帆划水板基本上就是一个用冲浪板代替船体的帆船，但这仍然让我惊讶不已。风帆冲浪员被称为"水手"，并且用于教学的术语都直接来自帆船方面。

因为我已经冲浪好几年了，所以我需要回顾一下。如果你不知道一些术语，那么看教学书籍会让你抓耳挠腮，所以了解一些关键点是非常重要的（见图9-1）：

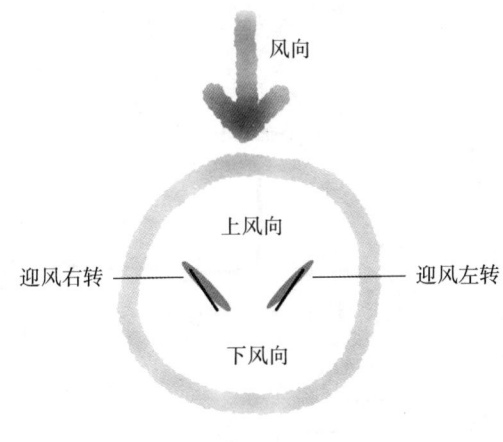

图 9-1

- 风向——例如，"东南西北"这样的方向在冲浪中是没什么用的，因为风向一直都在改变。方向是基于风向做出判断的："上风向"意味着逆风行进，"下行风"则是顺着风。

- 船向——同样,"左"和"右"的判断依据是船的当前风向。"Port"是指船的左舷,"Starboard"是指右舷。
- 正面和背面——船的正面叫"船头",船的背面叫"船尾"。朝向船头叫"向船头",朝向船尾叫"向船尾"。
- 转向——转向的术语是"迎风转向"和"逆风转向"。二者之间的区别就是在转向时帆船的哪头从风里穿过。如果你驶进风里(上风向)然后转向,那么你就是迎风转向。反之,则是逆风转向。

结合了这些术语后,我就开始慢慢摸索出窍门了。如果迎着风右转船头,那就是在"迎风左转",因为风是从船左侧吹过来的。

稍微有点儿复杂,所以我花了几个小时才把书上的内容给吸收了,然后想象它们在水中的动作。这种心理模拟过程对我将来下水是很有帮助的:把概念具象化到真实的帆船上,这能让我在实战时更容易回想起来。

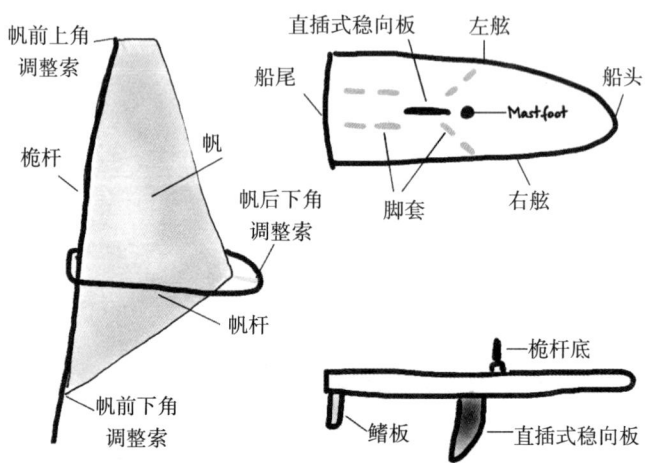

图 9-2

风帆冲浪板的不同部分也有各自的名称。

- 帆板——包括船头、船尾、左舷和右舷，但这并不是需要记的全部。风帆冲浪板通常有额外配件，比如帆板中央的大鳍（直插式稳向板）和船尾的小鳍（尾鳍或鳍板），二者都延伸到水下。在帆板上面有个地方（桅杆底）是用来装帆的，由机械基座（桅杆基座）来固定。帆板上通常还有脚套，帮助冲浪者保持平衡，并在帆板运动时站在正确的位置。
- 帆——风帆冲浪的帆大致呈三角形，然后通过一根叫作桅杆的立柱附在帆板上，桅杆穿过帆上的绳带（桅杆套）和帆成为一体。一旦桅杆就位，水平手柄（帆杆）就会置于大致垂直于所述桅杆的位置，有夹具把它和桅杆固定在一起。帆的三面通过尼龙绳（缆绳）与桅杆和帆杆绑在一起，在帆杆末尾还用尼龙绳缠起来加以固定。之后，尼龙绳穿过一个特殊的叫帆后下角的控绳装置。完全组装好帆具，桅杆也被固定在基座上后，冲浪板就能真正开始航行了。

正确装配帆板需要判断力和经验。有几种方法来把桅杆基座固定到帆板上，每一种方法都会让帆板的重心发生改变。对于不同的帆板，也有不同的方式来安装鳍板和脚套，不同的装法都会影响帆板在海上的表现。

同样，装配冲浪帆的方法对帆板的驾驭也有很大的影响。两个最大的变数是帆前下角调整索和帆后下角调整索，它们的变动取决于你用尼龙绳固定风帆到桅杆底和帆杆另一端的松紧程度。缩短帆前下角调整索和帆后下角调整索后会在帆上形成一个大的风兜，意味着帆能够兜住更多的风，产生更大的力。而如果延长帆前下角调整索和帆后下角调整索，风兜就会变小，力也随之减弱，这样能够在大风状况下更好地驾驭风帆。

靠后，我要讲物理了

帆是让人迷恋的东西。与普遍观念相反，并不是帆板（和一般的帆船）自己在动，而是风推着帆在动。整个运动过程其实比刚才讲的要复杂得多。

冲浪是通过在帆的正面和背面产生气压差来工作的。在大多数情况下，当空气在帆周围流动时，会在前方（朝向船头）产生一个低压区，在后方（朝向船尾）产生高压区。这两种不同的气压区合力产生一股动力让船向低压区行进。

结果是，风拉着帆又推着帆。飞机机翼的工作原理与之类似。

当你在水上试着要行进时，你需要知道这一点。如果你驾驭帆就是靠"把帆的面积弄得最大然后风就会吹着走"的话，那你就很难给帆增加动力，也难以在任何方向冲浪，除非那个方向正好有风在吹。

对于所有的这些信息，很难短时间就记住，但让我高兴的是，在我真正下手去玩之前，我还有一些时间来学习这些基本理论。风帆冲浪主要是一种运动技能，但是如果我不弄明白它是怎么运作的话，我就可能会花很多时间在错误的动作上。

观察风

除了看书，我也开始更密切地关注天气。在对风帆冲浪感兴趣前，除了刮得异常大的风，我压根儿就没关注过风。现在，我发现自己不断地在观察风，会仔细地看树梢来估计风速。

科技在这里发挥了作用：像 Weather Underground[9]、Windfinder[10] 和 iWindsurf[11] 这样的网站会收集全球各地的天气信息，使得查看各地天气信息变得非常便利。

当然，真正需要在意的是你冲浪时的风。为了检查湖边的风速和风向，我拿起 Kestral 3000 掌上风仪[12]。这个方便的小装置能让我检查湖边的当前风速，所以它比网上的信息更准确。这东西也能够测量气温和水温，这样就可以保证我在体温过低的风险值很高时不至于外出。

在观察了几天的风后，我开始注意风的特点。在湖边，微风往往是在早晨从东方吹来，然后下午风转而从西北偏北方向吹来，通常在下午4点左右。因为我要在湖的东面起航，所以下午出发最合适。下午4点也非常符合我的大体安排：如果能好好计划一下我的工作日安排，那么我就能毫不分心地玩上一小时左右。

风帆冲浪离不开风

我也注意到这边的风是难以捉摸的，有很多变数。有些天风很大，有些天却很小。依照我所看到的资料，如果风速低于5~6英里的话，那么就不值得扬帆冲浪。

这意味着我需要制订一个备用计划。我恰好有一个想法：我看到有人在湖上玩立式单桨冲浪板，看起来好像也是个有趣的活动，符合我要玩划船类项目的想法。如果我用桨的话，只需要自己出力就好了，用不到风。所以，在不能玩风帆冲浪的时候，我就玩单桨冲浪板。

我已经有了个人漂浮设备和两套湿式潜水服，所以我现在只缺一个趁手的单桨冲浪板和一支长桨。在网上搜索了一阵后，我把目标锁定在下面两家店：

- Ocean Kayak Nalu 的 11 号立式单桨冲浪板；
- Quick Blade Kahana Elite 的 80 号立式单桨冲浪板。

运送这两家立式单桨冲浪板的货运卡车和运送我的帆板的卡车是同一辆。有了风帆冲浪板和单桨冲浪板，我就可以随便玩而不用顾忌风力条件了。

组装

现在，我的装备都凑齐了，我需要做的就是搞清楚如何把帆和板弄在一起，这个过程用术语来讲就是"组装"。

幸运的是，Isthmus 店考虑到了这一点。对新手来说，这是个普遍存在的难题，因为有好几个部分需要组装，非常麻烦。你需要弄清楚哪根绳子走哪里，这很容易把人给绕晕。

Isthmus 提供了一个详细的组装视频，解决了这个难题。这可以看成是一位内行人在你面前为你亲身示范。这种类型的教学视频是完美的：我看了好几遍视频，还在真正组装自己的设备前做了笔记。

有了我的笔记，我能够在半个小时内组装好它们：对第一次尝试的我来说，还不错。穿上湿式潜水服，帆板也准备好了，风也吹着。出发！

首航

我带着板和帆来到水边，把桅杆装到基座，然后扶着装备走到齐腰深的地方：深到足够淹没帆板下的稳向板。风是西北风，风速大约12英里/小时，在湖面上吹起阵阵浪。没关系，我可以的。

我上到帆板上，站好，然后俯身去抓帆前上角调整索——一根附接到桅杆上的编织松紧绳。只有拉住了上角调整索，我才能把帆从水面上扯起来，让它竖起来，差不多和帆板垂直。

帆一离开水面就自然地移到下风向，不和风纠缠。这让我不用多费力气来扬帆，所以我的身体基本没动，双手还是抓着桅杆。这个"中立"的位置是风帆冲浪的起始点，所以我对自己的评价还不错。到目前为止，我表现得相当不错。

接下来，我需要收紧帆：从桅杆上松开一只手，抓住帆杆然后拉。这里我就要加力了，然后开始动。

好了，不管那么多了……

任自然摆布

接下来发生的事情让我措手不及，招架不住。

在我把帆杆拉向自己时，我就像推倒了多米诺骨牌。帆板开始以出人意料的速度移动，还不停抖动着。我开始慌了，失去了平衡。我的重心开始后移，就在我准备做点儿什么的时候，我跌落水中。

我的手还握在帆杆上，所以视线里最后出现的是在我头上快速摆动的桅杆。

我有没有说过我没戴防护帽？

我不确定我所想象的从帆板上跌落是什么感觉，但绝不是这般模样。侥幸的是，桅杆打偏了1英尺，却吓得我张开了嘴巴，喝了几口脏水。在水下，我不清楚哪个方向是向上的。

不过，我并没有在水下待很久：我的个人漂浮设备让我浮出水面，我不停地咳嗽、吐口水。接着，悲剧又来了：我啥也看不见了。

我靠眼镜矫正视力。隐形眼镜对我来说不顶用，所以我早就不戴它们了。在出门前，我压根儿就没想起我戴的是处方太阳镜，所以我没用任何类型的带子来固定眼镜。现在的结果就是，在我落水时，我的眼镜跟着沉到了湖底，再无见天日之时。

在短短五分钟的风帆冲浪"首秀"里，我落进水里，丢了眼镜，勉强避免了脑震荡的威胁，身体却开始发抖。

这势头不妙啊。

我咬紧牙关游向帆板。等到我能重新调整自己时，风已经把帆板吹到离我 10～15 英尺远的地方了。我抓住帆板，站了起来，重新开始。

自救

在 40 分钟的时间里，在做每个动作时我都落进水里：后退、前进、侧身。我喝脏水喝到想吐。我一次又一次地调整风帆，我的腿、胳膊和后背的肌肉疼得不行。

最后，我决定到此为止。我又冷又难受，精疲力尽，该回家了。

残酷的是，我还是不知道如何驾驭这该死的帆板。每次我扬起帆，最后都会以喝更多的脏水来完结。风从南边吹来，远离我起航的地方，如果要靠风归程，那我就别回去了。

到了这一步，我觉得有必要开始练习我偶然在书上看到的自救方法了。我躺在帆板上，然后收整风帆，把它平放在身上，帆头指向船尾。接着我用胳膊当桨划，慢慢地把自己划回岸边。

这是个缓慢的过程。我离岸并不远，可我却死命划了10分钟才回到岸边。在最好的情况下，胳膊也不是最有效的"桨"，更何况现在又不是最好的情况。

就算上了岸，我的麻烦事儿还没完。因为我偏离了下水的位置，所以这意味着我的第一次外出要以"丢人的（疲劳的）步行"方式作为结束。我精疲力尽地把装备拖回车上，然后开车回家，累瘫在地上。

这个开端不怎么好。

受伤事件后的分析

休息之后，我开始回忆整个历程。发生了什么？哪里出错了？

首先，对于一个"菜鸟"来说，风太强了。有点儿经验的人可能还好，但对我来说，风太大、太快了。这是个教训。

其次，我没有在任何板类物体上保持平衡的经验。我从未玩过风帆冲浪、滑板和其他任何需要在移动物体表面保持平衡的运动。风把帆板吹得来回晃动，我都吓傻了。

再次，在帆板上加力改变了重心。如果我没有以正确的方式移动身体来抵消加力的动作，我很可能会落水。在感觉要失控时，如果我放帆的速度不够快，我大概又得落水。为了不落水，我需要在任何方向都能做到恰当的转换，特别是在阵风条件下。

最后，我并没有凑齐所有完善的安全装置。很明显我还需要防护帽，以防在跌落时被桅杆打到头。我差点儿中招，还好够走运。我不会在一个地方跌倒两次：正在订购防护帽中。

前车之鉴，后事之师

有几件事情能让我不会像第一次那般落魄。

第一，我能确保下次在少风的天气练习。那样也许会不怎么刺激，但我不用落水了。

第二，我可以不装帆，只用80英寸的桨操纵帆板来体验平衡感。去掉风帆这个变数，我能体验到要保持平衡是什么感觉，还能学会在任何方向最多倾多少度且又不至于弄翻帆板。但这并不是完美的练习，因为帆会改变重心，变数很大，但总比不停落水好吧。

第三，我可以把下次加上风帆一起练习的重点放在感知帆的平衡上。如果我够专注，我能感受到帆是在朝哪个方向移动，继而如何影响帆板的。我能学会什么时候该用重力用来抵消帆的力，什么时候该放松来避免向后跌落，什么时候该在风力太强而无法掌控帆时放手。

接下来的几天里风平浪静，给了我只用帆板感受平衡的机会。练习很成功：在练习结束的时候，我已经不怎么害怕了。之后，一场大风天气让我能在波澜起伏的水面上练习平衡。我仍然需要克服向下看时不舒服的心理，但仅仅是一小会儿的练习就让我花了很长时间来平息神经。

几日后，阳光明媚，温暖如春，徐风阵阵。我配好装备，起航，摆好姿势。我要重蹈覆辙吗？

不尽然：我那天至多落水两次。平衡力帮了大忙，并且，当我觉得帆板要不受控制时，我也能避免落水。我那天弄了帆前上角调整索好几次，但都还好，总比喝水好吧。我开始练习对帆加力，突然，前进了。

怎么把帆板转向

我成功地让帆板移动了，但新问题又来了：怎么把帆板转向？

我开始尝试从书本和 DVD 上学到的东西：手扶着帆站在中间位置上，同时旋转我脚下的帆板。这也让我记住了帆板（及通常意义上的帆船）不能直接迎风走。

在上风向延伸 45 度的地方有个"死区"或"禁行区"：不管往那片区域的哪一点航行，你都会发现自己寸步难行，然后会停滞不前或是后退。要想在风中行进，就不得不把帆板指向上风向至少 45 度的方向，收帆，然后行进一会儿后继续改变方向。一进一退，就算是上风向，也能通过走 Z 字形到达目的地。

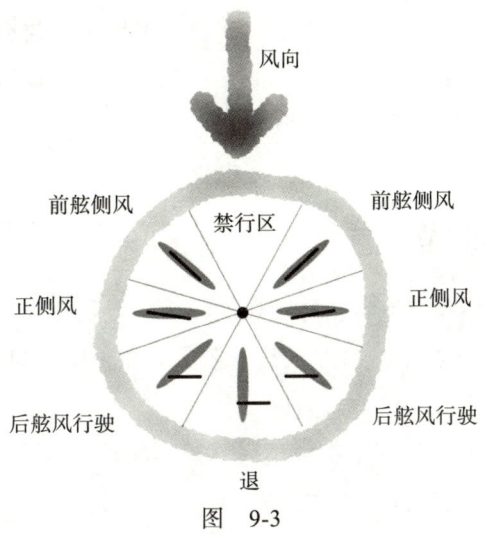

图 9-3

能靠自己的力气来转动帆板同样重要。在航行时，把帆左转或是右转会改变"帆受风的风力心点"，那是风作用在帆上的所有力的焦点。相对于"横向阻力重心"，这个阻力的焦点在帆板和水之间。通过转动风帆向前、向后、向左、向右移动，焦点间的关系也随之改变，帆板也会相应地行动起来抵消这些力。

在落水后回到帆板上时，一般都会发现自己处于一个奇怪的位置。理想上，你想让帆板垂直于风，而帆指向顺风方向。这样可以不怎么费力就能掌控帆。

但是，帆指向逆风方向的话，在帆杆接触到风后就会有被它打到脸的危险。而且，你还会发现帆板直直地要冲进死亡区。

为了弥补，最好的办法就是用脚转动风帆，不管风向如何都让它跟帆板垂直。帆和帆板垂直后，缓慢地用调整索调整风帆，让风把帆板转回正确的位置。如果帆在逆风那边，那就要彻底调整风帆，然后转向你随便想去的方向[14]。

经过几个小时后的练习后，我开始上道了。我不是很敏捷或者很快，我的转向也不是很漂亮，但我可以让帆板航行，驶进湖中央，并大致回到我出发的地方。

万物皆有时节

科罗拉多州弗兰特山脉区域的秋季一般是在9月末，来得又快又猛。可能今天是75华氏度，阳光普照，明天却降到30华氏度，一副要下雪的样子。

我尽可能每天下午都去湖里，想在换季前最大限度地练习。湖里的水温稳定在65华氏度——有点儿冻人，但并不处于体温过低的危险范围内。穿着湿式潜水服第一次进入水中是当时最糟糕的一个环节——除此之外，秋季并不算麻烦。

风速超过6英里/小时的时候，我会去玩风帆冲浪。在风平浪静的时候，我就改玩立式单桨冲浪板。

我玩立式单桨冲浪板的次数开始多于风帆冲浪：在没有风的天气里，想扬帆真的很难。可我想尽最大可能练习风帆冲浪啊，这可真是够了。但我没办法跟大自然谈判，风总是时强时弱。

一天早上，气温骤降到 40 华氏度。几天后，湖水的温度也降到了冰冷的 50 华氏度。穿着 4/5 型湿式潜水服的话，我还能坚持一会儿，但是冒着体温过低或是溺水的风险去冲浪并不在我的优先考虑范围内。对我而言，风帆冲浪的季节已经过去了。

我算出我的总共练习时间，只达到了目标的一半左右：一共练习了 9 个小时，远低于我想要的 20 小时。我更多的时间是花在了玩立式单桨冲浪板上。

这里要讲个非常重要的经验教训：环境因素。没有达成目标是会让我失望，但我想要学习的愿望并不能让风吹起来。甚至在水上花太多时间也是不理智的，因为疲劳是一个主要危险因素。最后，我每天在水上练习的时间也就是三四十分钟。

尽管学习时间不到 20 小时，但我学到了很多。我有一套牢固的装备，我学会了如何正确地组装，知道在各种风力条件下如何航行，并无数次练习从水中回到帆板上。我能扬帆，能指向大致正确的方向，能控制帆板不让它翻。我还能随心所欲地给帆板转向，能安全回到岸上，还大致是我出航的位置。在这么短的时间内，这些可以说是巨大的进步。

我还同时学会了玩立式单桨冲浪板，这算是个奖励。它的设定和技巧远不如风帆冲浪那般复杂或者苛刻，但它乐趣十足。就算是没风的日子，我也乐于在水上滑来滑去，追逐着鸭子从湖的这边滑到那边。滑到太阳落山是件很美好的事，边锻炼身体边欣赏风景，这是放松自我的一个好办法。

方法回顾

让我们来回顾一下我学习冲浪的几个核心方法。

- 我准备好了必要的设备：帆板、风帆、潜水服、个人漂浮装置、防护帽以及其他重要的安全装置。
- 我学会了如何安全地组装、拆卸、维护、运输和储存帆板和帆。
- 我学会了如何避免几个主要的威胁，即溺水、脑震荡和体温过低。
- 我学会了如何起航，把帆立在中间位置，以及给帆加力来让帆板移动。
- 我学会了如何转向（逆风转向/顺风转向），如何在不同风力条件下摆动风帆。
- 我学会了如何避免跌落水中，如何回到帆板上，以及跌落后如何调整风帆。

接下来做什么

当你读到这里的时候，又到了可以风帆冲浪的季节了。天气和水温条件一旦没有导致体温过低的危险，我就会去冲浪，再捡起我的基本装备，注意平衡力和转向能力。

我会很快恢复到基本水平的，所以我要为下一个挑战做准备：让帆板在水面上"滑行"，这需要速度的大幅提升。"滑行"只能在强风条件下进行，而且速度的增加就意味着碰撞和受伤风险的提升。所以在尝试之前，我需要完全熟练掌握基础技巧。

我也要开始玩大点儿的风帆了。在湖上普遍都是弱风（并且变化莫测）天气的情况下，使用大点儿的帆是个不错的主意。所以，在我适应了 4.7 平方米的帆后，我开始尝试 7.5 平方米的帆。这两种帆我都要兼顾到：弱风天里用大帆，大风天里用小帆。

总之，风帆冲浪运动非常好玩。我享受在水上冲浪的时光，尤其是我现在已经很少落水了。我在等待下一个季节的到来，好好利用随时到来的大风天气。

我不能掌控大自然，但我能掌控自己如何在有利的天气条件下练习冲浪。这就足够了。

后　　记

> "要想成功，必须付诸行动。那些取得成就的人仍然不断进取，他们虽然犯过错，但从未放弃过。"
>
> ——希尔顿连锁酒店集团创始人康德拉·希尔顿

在不到一年的时间里，我掌握了六项复杂的技能。

我既不是什么天才，更不是什么怪物。我也不具备什么与生俱来的能力，白天照样干自己的事，从来没有干过"拆东墙补西墙"的事。家庭我也照顾得好好的。

我只需要每天腾出大约 1 小时的时间，开动脑筋练习。仅仅几天，有时甚至几小时，起初那些看似捉摸不透、谜一样的技能慢慢变得容易理解、得心应手。稍微查一下资料，接着再花上 20 小时练习，你就能成功。但在这期间你必须做到三心合一，即专心、恒心、耐心。

值得高兴的是，现在，我已经把技能练习当作一项日常工作了。一旦掌握了关键的几个步骤，学习就会轻车熟路。亲爱的读者，当你看到这本书时，我想我的技能学习一定更上一层楼了吧。因为，要想技术好，必须练得好。对于技能学习，通往成功的路只有一条——练习。

你可以准备，可以调查，可以排除干扰，可以改变环境，也可以想出聪明的办法提高效率。但归根结底，你必须练习。

一条路，它走起来感觉很长，但它往往是最近的那条路。世上没有捷径可走。不练习就学不会。道理就这么简单。

那么，我们为什么不愿意练习？因为我们忙，我们害怕。莎士比亚很早以前在戏剧《以牙还牙》里就曾说过："疑惑足以败事。

害怕尝试，让我们错失可能成功的机会。"

快速习得技能的最大阻碍不是来自身体，也不是来自智力，而是来自情感。学习新事物起初并不会让人感到舒服。人们宁可浪费大把时间和精力考虑到底要不要练习，也不愿立刻老老实实练习。

还好，这恼人的问题解决起来其实并非难事：新技能的学习比你想象的要容易。你只需抽出时间练习，做好初期调查，克服早期不适。在练习的前 10 ~ 20 个小时里，你会感到进步明显。记住：多点努力，多点坚持，多点勇气，你就会尝到甜头。

你没必要一口气学太多技能，选一个即可。从清单里选择一个目标，并下决心为之努力。学语言，学烹饪，学艺术，玩乐器，做游戏，搞设计，这些都比你想象的要简单。

接下来，每天花约 1 小时的时间练习。一旦真正开始练习，一定比预期学得快。分解好步骤，安排好时间，尝试新事物，做到这些后，你的大脑会自动学习这些技巧和方法，因为这就是大脑擅长的。当你卡住了或迷惑了，试试别的办法。

记住：一旦开始练习，中途就不能停下来，除非达到既定目标或练习满 20 小时。遇到困难，请咬牙坚持，千万别放弃。拿出你的勇气，努力前行。唯有练习，才能到达成功的彼岸。

读者朋友，我希望在最后给你们一些小小的忠告：选择练习的最佳时间就是现在。我们不等明天，不等下周，不等下月，不等明年，就趁现在！

清晨一睁眼，你就面临选择。你是选择学习一门技能，还是干点儿别的？如果你选择学习技能，那么请相信我，你的生活将变得更加成功、喜悦、有收获。

那么，请你告诉我，今天你的选择是什么呢？

注　　释

第一章

1. Ericsson, K. Anders, Neil Charness, Paul J. Feltovich, and Robert R. Hoffman, eds. *The Cambridge Handbook of Expertise and Expert Performance* (Cambridge: Cambridge University Press, 2006).

2. http://www.chirunning.com/.

3. Undergraduate college programs usually take four years due to convention and self-interest: colleges bring in more revenue for every year the student is enrolled. That's not to say it's not possible to complete even the most demanding programs in less time: Scott H. Young completed MIT's undergraduate computer science curriculum in less than one year. See http://www.scotthyoung.com/blog/mit-challenge/.

4. VanLehn, Kurt. "Cognitive Skill Acquisition." *Annual Review of Psychology* 47, no. 1 (1996): 513–539.

第二章

1. If you can relate to my frustration, I recommend reading *The Renaissance Soul: Life Design for People with Too Many Passions to Pick Just One* by Margaret Lobenstine (New York: Harmony, 2006). Reading this book helped me realize that my diversity of interests is a strength, and that it's possible to structure my efforts to take advantage of my natural inclination to learn many things at once.

2. http://www.newyorker.com/reporting/2011/10/03/111003fa_fact_gawande.

3. I use an Enso Pearl programmable interval timer: http://www.salubrion.com/products/ensopearl/. You can use any sort of timer you like, including basic kitchen timers, but the Enso has built-in intervals and a very nice-sounding chime, which is more important than it seems. When you're practicing a lot, strident electronic beeps get old fast.

4. Snoddy, George S. "Learning and Stability: A Psychophysiological Analysis of a Case of Motor Learning with Clinical Applications." *Journal of Applied Psychology* 10, no. 1 (1926): 1.

5. Newell, Allen, and Paul S. Rosenbloom. "Mechanisms of Skill Acquisition and the Law of Practice." *Cognitive Skills and Their Acquisition* (1981): 1–55.

6. Logan, Gordon D. "Toward an Instance Theory of Automatization." *Psychological Review* 95, no. 4 (1988): 492.

第三章

1. http://ankisrs.net/.
2. http://www.supermemo.com/.
3. http://smartr.be/.
4. This isn't a book about academic study techniques, but since you're diligently reading the endnotes, here's a deceptively simple study method that works wonders: pick an idea, take out a blank sheet of paper, then try to explain that idea completely using very simple language, as if you're teaching a beginner. The gaps in your knowledge will become clear very quickly, which makes it easy to go back to the source material to learn what's missing. Scott H. Young, a study skills researcher, calls this the "Feynman Technique" (in honor of the renowned physicist Richard Feynman), and it's quite effective. For more details, see http://www.scottyoung.com/learnonsteroids/grab/TranscriptFeynman.pdf.

第四章

1. There's something really, really fun about sprinting as fast as you can toward a waist-high barrier and leaping over it without breaking stride. The closest I've ever come to feeling like Superman was the time my foot connected squarely with the center of a hurdle during a race. The wooden bar of the hurdle shattered, and I sailed through without losing speed. It was awesome.
2. http://www.youtube.com/watch?v=IMC1_RH_b3k.
3. http://www.nytimes.com/2009/07/26/magazine/26FOB-consumed-t.html.
4. http://www.gilhedley.com/.
5. You can watch Gil's famous "fuzz speech" here: http://www.youtube.com/watch?v=FtSP-tkSug. Be advised that the video contains footage of a dead human body, so you may want to skip it if you're squeamish.
6. Sarno, John E. *Healing Back Pain: The Mind-Body Connection* (New York: Grand Central Life & Style, 2010).
7. I'm about to attempt to explain thousands of years of very complex history in a few paragraphs. Books about these topics can fill entire libraries, so please excuse my brevity. If you're interested in a more detailed overview, I recommend reading *The Great Transformation: The Beginning of Our Religious Traditions* by Karen Armstrong (New York: Anchor, 2007).
8. Armstrong, Karen. *The Great Transformation: The Beginning of Our Religious Traditions* (New York: Anchor, 2007).

9. Desikachar, T. V. K., and R. H. Cravens. *Heath, Healing, and Beyond: Yoga and the Living Tradition of Krishnamacharya* (New York: North Point Press, 1998). A short biography is also available at http://www.yogajournal.com/wisdom/465.

10. How *much* Krishnamacharya consciously adopted from non-hatha sources like British gymnastics is a matter of debate. At a minimum, many of the poses and movements Krishnamacharya included in his sequences bear a very strong resemblance to gymnastics and military training exercises of the time.

11. http://www.nytimes.com/2012/01/08/magazine/how-yoga-can-wreck-your-body.html?_r=3&pagewanted=all.

12. http://www.manduka.com/us/shop/categories/products/gear/manduka-pro-black-sage/.

13. http://orthoinfo.aaos.org/topic.cfm?topic=A00063.

第五章

1. http://personalmba.com/best-business-books/.

2. http://wordpress.org.

3. For the curious: my standard WordPress stack consisted of PHP5 with PHP-FastCGI, NGINX, APC, MSMTP, and WP-Supercache on a Slicehost.com VPS running Ubuntu 8.04 LTS, all with custom configuration files.

4. http://jekyllrb.com.

5. http://github.com.

6. For some reason, almost every programming tutorial begins with showing you how to display or print "Hello, World!"

7. http://stackoverflow.com.

8. http://news.ycombinator.com.

9. http://rubyonrails.org/.

10. http://www.sinatrarb.com.

11. http://37signals.com/.

12. http://rubysource.com/rails-or-sinatra-the-best-of-both-worlds/.

13. http://paulstamatiou.com/how-to-wordpress-to-jekyll.

14. https://github.com/sstephenson/rbenv.

15. In practice, "hacking" is nothing like how it's portrayed in movies, which I find

highly disappointing.

16. https://toolbelt.heroku.com.
17. http://www.heroku.com/.
18. http://git-scm.com/.
19. Versions of Ruby before 1.9.3-p125 required a program called GCC to complete the installation. GCC is available at https://github.com/kennethreitz/osx-gcc-installer.
20. Programmers coined the acronym "RTFM," which stands for "read the (freaking) manual," as a standard response to questions about issues covered in a program's official documentation.
21. http://www.ruby-lang.org/en/documentation/.
22. http://0xfe.muthanna.com/rubyrefresher/.
23. https://code.google.com/p/ruby-security/wiki/Guide.
24. The term for advanced modification of Ruby's core objects, classes, and methods is called *metaprogramming*. I picked up a book called *Metaprogramming Ruby: Program Like the Ruby Pros* by Paolo Perrotta (Raleigh, NC: Pragmatic Bookshelf, 2010), and it's way over my head at the moment. First things first.
25. http://www.ruby-doc.org/core–1.9.3/index.html.
26. http://ruby.learncodethehardway.org/.
27. https://devcenter.heroku.com/articles/keys.
28. https://devcenter.heroku.com/articles/ruby.
29. https://devcenter.heroku.com/articles/rack.
30. http://macromates.com/.
31. https://devcenter.heroku.com/articles/bundler.
32. http://www.sinatrarb.com/intro.
33. http://backpackit.com.
34. http://tom.preston-werner.com/2010/08/23/readme-driven-development.html.
35. http://www.postgresql.org/.
36. http://datamapper.org/.
37. http://stackoverflow.com/questions/1152299/what-is-an-object-relational-mapping-framework.

38. http://en.wikipedia.org/wiki/SQL.

39. http://www.sqlite.org/.

40. http://pow.cx/.

41. https://github.com/rodreegez/powder.

42. http://twitter.github.com/bootstrap/.

43. I have no idea why it's called a slug, and I agree it's weird.

44. See http://www.regular-expressions.info/ for examples of common regular expressions.

45. http://daringfireball.net/projects/markdown/.

46. http://www.httpwatch.com/httpgallery/authentication/.

47. Using SSL on a custom domain is more complicated: you have to go through a long process to verify your identity and obtain a "certificate" that secures each user's session.

48. https://github.com/SFEley/sinatra-flash.

第六章

1. Here's a fun fact: Tiger Woods is the only professional golfer in history to win the U.S. Masters with three different golf swings. Tiger retrained with Butch Harmon after his Masters win in 1997, won again in 2001 and 2002, retrained again in 2002 with Hank Haney, then won in 2005. Most recently, Tiger began his third swing retraining with Sean Foley in 2011, making this Tiger's fourth swing since becoming a professional golfer.

2. Vector keyboard image via http://wowvectors.com/object/mac-keyboard-vector/. Distributed under the Creative Commons Attribution 3.0 Unported license.

3. For a very interesting history of the development of the QWERTY typewriter, see "The Fable of the Keys" by S. J. Liebowitz and Stephen E. Margolis, available at http://www.utdallas.edu/~liebowit/keys1.html.

4. http://www.google.com/patents?id=qSVdAAAAEBAJ.

5. http://mkweb.bcgsc.ca/carpalx/.

6. http://mkweb.bcgsc.ca/carpalx/?colemak.

7. http://colemak.com.

8. Other operating systems may need to install a small software package that enables the layout. Packages for most popular systems are available at http://colemak.com.

9. http://www.typematrix.com/2030/features.php.

10. On TypeMatrix keyboards, you can activate Colemak hardware mode by pressing Fn+F5.

11. This won't work on all keyboards: many models have different-sized keys on the top, middle, and bottom rows. If that's the case, it's probably easier to either get another keyboard or order stickers that can be affixed over each key.

12. http://www.typeonline.co.uk/typingspeed.php.

13. Test corpus material comes from books are in the public domain, which are freely distributed online via Project Gutenberg. See http://www.gutenberg.org/.

14. http://www.mavisbeacon.com/.

15. http://typingtrainer.sourceforge.net/.

16. http://github.com/wwwtyro/keyzen.

17. Luft, Andreas R., and Manuel M. Buitrago. "Stages of Motor Skill Learning." *Molecular Neurobiology* 32, no. 3 (2005): 205–216.

18. Walker, Matthew P., and Robert Stickgold. "It's Practice, with Sleep, That Makes Perfect: Implications of Sleep-Dependent Learning and Plasticity for Skill Performance." *Clinics in Sports Medicine* 24, no. 2 (2005): 301–317.

19. http://www.daskeyboard.com/model-s-ultimate-silent/.

20. http://type-fu.com.

21. Milton, James. *Measuring Second Language Vocabulary Acquisition* (Bristol, UK: Multiligual Matters, 2009).

22. http://code.google.com/p/amphetype/.

23. http://norvig.com/ngrams/.

第七章

1. In my opinion, the most disappointing aspect of reality is the lack of magic: given how much I read, I'd be at *least* a level 80 wizard by now. Alas, using my mind to manipulate the fabric of the universe is still beyond my capabilities.

2. Here's another fun fact: if you shuffle a deck of cards thoroughly, the resulting sequence of cards has never been seen before in the history of the universe. "52 factorial" is a very large number: 8.065 times 10^{67}, or over 80 *unvigintillion*, possible combinations.

3. Other famous games include the Blood Vomiting Game, in which one of the master players died after the match, and the Atomic Bomb game, in which the match was in-

terrupted by the explosion of the atomic bomb over Hiroshima. After the bomb went off, the players took a break for lunch, replaced the stones on the board, and resumed the game. See http://senseis.xmp.net/?FamousGoGames for more famous games.

4. http://www.ymimports.com.

5. http://senseis.xmp.net/.

6. Yes, that's where the name of the Atari video game console comes from.

7. http://senseis.xmp.net/?TheTenGoldenRulesList.

8. http://diiq.org/five_stone_questions.html.

第八章

1. http://cdp.sagepub.com/content/14/6/317.short.

2. http://www.crowhillguitars.com.

3. http://www.daddario.com/DADProductDetail.Page?ActiveID=3769&productid=264.

4. http://www.axisofawesome.net.

5. http://www.ukuleles.com/Technology/strings.html.

6. http://www.kiwiukulele.co.uz/Kiwi-Ukulele-Chord-Chart.pdf.

第九章

1. http://jimbodouglass.blogspot.com/.

2. If you want to see what it looks like to go really fast on a Formula board, check out Jim's boom-cam video: http://jimbodouglass.blogspot.com/2010/01/formula-windsurfing-boom-mount-video.html.

3. The Boy Scouts call this the *buddy system*, and it's the cardinal rule of water safety.

4. Wet suits trap a layer of water close to the body, which is then warmed by body heat, acting as an insulating layer. Below water temperatures of fifty degrees, it's best to use a dry suit, which prevents water from touching skin.

5. http://www.dbw.ca.gov/Pubs/Windsurf/index.htm.

6. http://jimbodouglass.blogspot.com/2008/02/top-16-windsurfing-questions-answered.html.

7. http://jimbodouglass.blogspot.com/2010/11/updated-windsurf-calculator-online.html.

8. http://www.isthmussailboards.com/.
9. http://www.wunderground.com/.
10. http://www.windfinder.com/.
11. http://www.iwindsurf.com/.
12. http://www.kestrelmeters.com/products/kestrel-3000-wind-meter.
13. http://www.isthmussailboards.com/info_technical_help.asp.
14. For a detailed guide on how to do this, complete with diagrams, see http://jimbodouglass.blogspot.com/2012/10/beginner-windsurfing-how-to-reorient.html.

思维与学习

最佳公共课教材

化解压力的艺术（原书第12版）
作者：安德鲁 J. 杜布林 ISBN：978-7-111-48418-9 定价：65.00元

人际关系：职业发展与个人成功心理学（原书第10版）
作者：杰拉尔德 S. 格林伯格 ISBN：978-7-111-45151-8 定价：55.00元

相处的艺术：让人际关系提升你的幸福感（原书第5版）
作者：罗兰·福特 ISBN：978-7-111-45086-3 定价：59.00元

心理学改变生活（原书第11版）
作者：唐娜·威特默 ISBN：978-7-111-49032-6 定价：55.00元

完美沟通：机会是你说出来的
作者：姜维 ISBN：978-7-111-43472-6 定价：39.00元

心理调适：做自己心灵的CEO
作者：约翰 W. 桑特洛克 ISBN：978-7-111-48425-7 定价：65.00元

年轻这样成长

盔甲骑士：为自己出征
作者：罗伯特·弗希尔 ISBN：978-7-111-52626-1 定价：25.00元

幸福总在美丽的离别后
作者：宣安南 ISBN：978-7-111-48671-8 定价：35.00元

读懂恋爱潜台词
作者：崔情 ISBN：978-7-111-47328-2 定价：30.00元

让你幸福起来的赞美日记
作者：手冢千砂子 ISBN：978-7-111-48319-9 定价：35.00元

我们都和不懂爱的男人一起生活
作者：金润德 ISBN：978-7-111-48688-6 定价：35.00元

吃货的50种情绪减肥法：轻松幸福的瘦身之旅
作者：苏珊·阿尔伯斯 ISBN：978-7-111-45132-7 定价：30.00元